300 RECETTES À MOINS DE 5 EUROS

MARABOUT

SOMMAIRE

POUR 4 PERSONNES - PRÉPARATION 10 MINUTES - CUISSON 15 MINUTES

AMANDES CROQUANTES

- 300 g d'amandes
- 1 cuillerée à soupe d'huile d'olive
- ½ cuillerée à café de fleur de sel
- 1 pincée de piment d'Espelette
- 3 cuillerées à soupe de cassonade

1. Préchauffer le four à 180 °C. Enrober les amandes d'huile d'olive, de sel et de piment. Les placer sur une plaque recouverte de papier cuisson et les faire torréfier 10 minutes dans le four, en mélangeant de temps en temps. Laisser tiédir.

2. Faire chauffer une poêle à feu doux à moyen, ajouter les amandes et les saupoudrer de cassonade. Laisser caraméliser 2 à 3 minutes. Transférer sur une feuille de papier cuisson en séparant bien les amandes. Laisser refroidir.

POUR 4 PERSONNES - PRÉPARATION 10 MINUTES - CUISSON 5 MINUTES

POP-CORN PISTACHES

- 250 g de pop-corn
- 80 g de pistaches salées
- 120 g de sucre
- 50 g de beurre salé

1. Hacher les pistaches. Les mélanger avec le pop-corn.

2. Faire caraméliser le sucre à sec dans une poêle antiadhésive. Dès qu'il devient ambré, ajouter le beurre hors du feu. Verser sur le pop-corn aux pistaches et mélanger pour bien enrober les grains. Laisser tiédir.

POUR 6 À 8 PERSONNES - PRÉPARATION 5 MINUTES - CUISSON 15 MINUTES

NOIX & BRETZELS ÉPICÉS

- 100 g de mélange de noix
- 100 g de minibretzels
- 25 g de beurre
- 2 cuillerées à soupe de sirop d'érable
- 1 cuillerée à café de mélange d'épices espagnol

1. Préchauffer le four à 180 °C. Faire fondre le beurre.
2. Mélanger tous les ingrédients dans un saladier.
3. Verser sur une plaque recouverte de papier cuisson et enfourner 15 minutes jusqu'à ce que le mélange soit bien caramélisé.

POUR 6 PERSONNES - PRÉPARATION 15 MINUTES - CUISSON 20 MINUTES

CRACKERS

- 175 g de flocons d'avoine
- 3 cuillerées à soupe d'huile d'olive
- 50 g de parmesan râpé
- 1 brin de romarin
- 2 cuillerées à soupe d'un mélange de graines pour pain
- 100 ml d'eau froide
- Sel, poivre

1. Préchauffer le four à 180 °C. Mélanger les flocons d'avoine, le parmesan râpé, les graines, le romarin ciselé et 2 pincées de sel et de poivre. Ajouter 100 ml d'eau froide et l'huile d'olive. Mélanger.

2. Étaler la pâte entre 2 feuilles de papier cuisson sur 1 cm d'épaisseur et couper en carrés de 4 cm de côté.

3. Poser sur une plaque couverte de papier cuisson et enfourner 20 minutes. Laisser refroidir sur la plaque.

POUR 4 PERSONNES - PRÉPARATION 20 MINUTES - CUISSON 1 H 30

CHIPS DE LÉGUMES

- 1 pomme de terre
- 1 betterave
- 1 panais
- 4 cuillerées à soupe d'huile d'olive
- 4 grandes feuilles de chou kale
- Sel, poivre

1. Préchauffer le four à 110 °C. Nettoyer tous les légumes. Déchirer les feuilles de chou kale. Couper les autres légumes en très fines tranches à la mandoline. Placer sur des plaques couvertes de papier cuisson.

2. Étaler de l'huile au pinceau sur les chips et saupoudrer de 4 pincées de sel et de poivre.

3. Enfourner 30 minutes à chaleur tournante, enlever les chips de kale et remettre au four pour 1 heure.

POUR 4 PERSONNES - PRÉPARATION 5 MINUTES - CUISSON 10 MINUTES

NUTS GRILLÉES PIMENTÉES

- 125 g de noix de pécan
- 110 g d'amandes
- 110 g de graines de courge
- 4 gousses d'ail
- ½ cuillerée à café de piment de Cayenne
- ½ cuillerée à café de fleur de sel

1. Préchauffer le four à 130 °C. Peler les gousses d'ail. Faire chauffer 1 cuillerée à soupe d'huile d'olive dans une poêle et faire revenir les gousses d'ail sans coloration pendant 2 à 3 minutes. Ajouter les amandes, les noix de pécan et les graines de courge, mélanger. Ajouter le sel et le piment.

2. Transférer le mélange sur une plaque recouverte de papier cuisson et faire torréfier 10 minutes au four, en mélangeant de temps en temps. Servir un peu chaud ou à température ambiante.

POUR 4 PERSONNES - PRÉPARATION 20 MINUTES - REPOS 55 MINUTES - CUISSON 15 MINUTES

ESCARGOTS À LA TAPENADE

- 2 pâtes feuilletées
- Tapenade noire

1. Étaler la tapenade sur l'une des pâtes feuilletées. Recouvrir de l'autre pâte feuilletée.
2. Rouler les pâtes en serrant bien. Placer 30 à 45 minutes au congélateur.
3. Couper le rouleau en tranches et remettre 10 minutes au congélateur.
4. Préchauffer le four à 180 °C et enfourner 12 à 15 minutes. Servir tiède ou froid.

POUR 4 PERSONNES - PRÉPARATION 15 MINUTES - REPOS 15 MINUTES - CUISSON 10 MINUTES

TORSADES AU PARMESAN

- 1 pâte feuilletée
- 1 jaune d'œuf
- 1 morceau de parmesan

1. Râper l'équivalent de 2 cuillerées à soupe de parmesan. Découper la pâte feuilletée en lanières et les disposer sur une plaque de four recouverte de papier cuisson. Les badigeonner de jaune d'œuf à l'aide d'un pinceau. Saupoudrer de parmesan râpé.

2. Former des torsades. Réserver au réfrigérateur pendant 15 minutes.

3. Préchauffer le four à 180 °C et enfourner 10 minutes.

POUR 4 PERSONNES - PRÉPARATION 12 MINUTES - REPOS 10 MINUTES - CUISSON 12 MINUTES

FEUILLETÉS SAUCISSE

- 1 pâte feuilletée
- 4 saucisses de Strasbourg
- 1 œuf

1. Couper 4 bandes de pâte feuilletée assez larges pour enrouler les saucisses. Les badigeonner d'œuf battu. Placer les saucisses sur les bandes de pâte et les enrouler puis souder les bords de pâte.

2. Couper en rondelles épaisses et les placer 10 minutes au congélateur.

3. Préchauffer le four à 180 °C et faire cuire les feuilletés pendant 10 à 12 minutes.

POUR 4 PERSONNES - PRÉPARATION 20 MINUTES - REPOS 15 MINUTES - CUISSON 10 MINUTES

FEUILLETÉS AUX PISTACHES

- 1 pâte feuilletée
- 1 jaune d'œuf
- 2 cuillerées à soupe de pistaches décortiquées

1. Hacher finement les pistaches. Découper la pâte feuilletée en lanières et les étaler sur une plaque de four recouverte de papier cuisson. Les badigeonner de jaune d'œuf. Saupoudrer de pistaches.
2. Former des torsades. Réserver au réfrigérateur pendant 15 minutes.
3. Préchauffer le four à 180 °C. Faire cuire pendant 10 minutes.

POUR 4 PERSONNES - PRÉPARATION 10 MINUTES - REPOS 15 MINUTES - CUISSON 12 MINUTES

FEUILLETÉS AU PESTO

- 2 pâtes feuilletées
- 2 cuillerées à soupe de pesto

1. Dérouler les pâtes sur le plan de travail. Étaler le pesto sur une pâte, déposer la seconde pâte dessus et presser légèrement avec un rouleau à pâtisserie.

2. Découper des bandes de pâte et les ranger sur une plaque recouverte de papier cuisson en les espaçant. Placer 15 minutes au réfrigérateur.

3. Préchauffer le four à 180 °C. Faire cuire les feuilletés 12 minutes.

POUR 4 PERSONNES - PRÉPARATION 20 MINUTES - REPOS 10 MINUTES - CUISSON 35 MINUTES

TARTE SOLEIL AU PESTO

- 2 pâtes feuilletées
- 160 g de pesto
- 1 œuf

1. Étaler le pesto sur une pâte feuilletée. Recouvrir de la seconde pâte et souder les pâtes. Badigeonner d'œuf battu.

2. Appuyer légèrement avec un verre retourné au centre de la tarte. Découper 24 bandes autour du cercle dessiné par le verre, en partant du centre vers l'extérieur. Réaliser des torsades. Placer 10 minutes au congélateur.

3. Préchauffer le four à 180 °C. Faire cuire 35 minutes environ.

POUR 4 PERSONNES - PRÉPARATION 20 MINUTES - REPOS 1 H 30 - CUISSON 45 MINUTES

CAVIAR D'AUBERGINE

- 4 aubergines
- 2 gousses d'ail
- 80 ml d'huile d'olive
- ½ citron
- ½ cuillerée à café de cumin en poudre
- 1 pincée de piment en poudre
- Sel, poivre

1. Peler l'ail et le dégermer. Presser le demi-citron.

2. Préchauffer le gril du four. Faire noircir la peau des aubergines pendant 30 à 45 minutes en les retournant régulièrement. Laisser refroidir puis récupérer la chair à l'aide d'une cuillère.

3. Égoutter la chair d'aubergine si nécessaire puis la mixer avec le cumin, l'huile d'olive, le jus de citron et l'ail. Saler et poivrer.

4. Mettre au réfrigérateur jusqu'au moment de servir puis saupoudrer de 1 pincée de piment.

POUR 4 PERSONNES - PRÉPARATION 20 MINUTES

HOUMOUS

- 1 boîte de 240 g de pois chiches
- 2 gousses d'ail
- 2 cuillerées à soupe de tahini
- ½ citron
- 6 à 8 cuillerées à soupe d'huile d'olive
- 1 pincée de graines de sésame
- Sel, poivre

1. Égoutter les pois chiches, les rincer et retirer les peaux. Peler et dégermer les gousses d'ail. Presser le demi-citron.

2. Mixer ensemble les pois chiches, l'ail, le tahini, l'huile d'olive et le jus de citron. Saler et poivrer.

3. Arroser d'un filet d'huile d'olive et parsemer de graines de sésame au moment de servir.

POUR 4 PERSONNES - PRÉPARATION 15 MINUTES - CUISSON 3 MINUTES

HOUMOUS DE FÈVES

- 300 g de fèves surgelées écossées
- 2 gousses d'ail
- 6 à 8 cuillerées à soupe d'huile d'olive
- Quelques brins de coriandre
- ½ citron
- Sel, poivre

1. Peler et dégermer les gousses d'ail. Presser le demi-citron.

2. Plonger les fèves dans une casserole d'eau bouillante salée pendant 3 minutes. Égoutter et rafraîchir sous l'eau froide.

3. Mixer les fèves avec l'ail, l'huile d'olive, le jus de citron et la coriandre. Saler et poivrer. Servir frais.

POUR 4 PERSONNES - PRÉPARATION 15 MINUTES

GUACAMOLE

- 1 tomate
- ½ oignon rouge
- 1 ou 2 petits piments rouges forts
- 6 brins de coriandre
- 3 avocats
- 1 citron vert
- Sel, poivre

1. Laver et couper la tomate et retirer les pépins, couper la chair en petits dés. Éplucher et émincer l'oignon finement. Laver et couper le piment en deux, retirer les graines et le hacher finement. Couper les avocats en deux, retirer le noyau et récupérer la chair. Effeuiller, rincer et hacher finement la coriandre. Presser le citron vert.

2. Piler ensemble la tomate, l'oignon et le piment avec un peu de sel dans un bol. Ajouter la chair des avocats et la coriandre ainsi que le jus du citron vert. Goûter et rectifier l'assaisonnement.

POUR 4 PERSONNES - PRÉPARATION 10 MINUTES - REPOS 1 HEURE

DIP PAPRIKA & OIGNONS

- 250 g de fromage à la crème
- 1 cuillerée à soupe de paprika
- 2 oignons nouveaux

1. Rincer et émincer finement les oignons nouveaux.

2. Mélanger le fromage à la crème et le paprika puis ajouter les oignons nouveaux. Réserver 1 heure au frais.

POUR 4 PERSONNES - PRÉPARATION 10 MINUTES - CUISSON 5 MINUTES

TORTILLA CHIPS, SALSA & FETA

- 1 paquet de tortilla chips
- 250 g de feta
- 1 pot de salsa douce ou piquante
- 10 brins de coriandre

1. Préchauffer le four à 180 °C. Émietter la feta. Effeuiller, rincer et hacher la coriandre.
2. Répartir la salsa et la feta sur les tortillas. Faire chauffer 5 minutes au four.
3. Parsemer de coriandre hachée.

POUR 30 GOUGÈRES - PRÉPARATION 20 MINUTES - CUISSON 20 MINUTES

GOUGÈRES AU FROMAGE

- 140 g de farine
- 150 g de comté râpé
- 150 ml de lait
- 110 g de beurre
- 125 ml d'eau
- 4 œufs
- Sel, poivre

1. Préchauffer le four à 180 °C. Porter 125 ml d'eau, le lait, le beurre et 1 pincée de sel à ébullition dans une casserole.

2. Hors du feu, verser la farine en une fois et mélanger. Remettre la casserole sur le feu et dessécher la pâte en mélangeant (elle doit se décoller des parois). La transférer dans un bol et laisser tiédir.

3. Verser les œufs sans cesser de fouetter. Incorporer le fromage râpé puis poivrer.

4. Prélever des noix de pâte à l'aide d'une cuillère et les déposer sur une plaque de cuisson recouverte de papier cuisson. Badigeonner de lait au pinceau. Enfourner 18 à 20 minutes.

POUR 4 PERSONNES - PRÉPARATION 10 MINUTES - CUISSON 12 MINUTES

PAIN HÉRISSON

- 1 boule de pain de campagne
- 4 cuillerées à soupe de pesto rouge
- 1 filet d'huile d'olive
- 3 brins de thym

1. Préchauffer le four à 180 °C. Inciser le pain pour former un quadrillage sans le couper complètement.

2. Garnir les interstices de pesto rouge et parsemer de thym. Arroser d'un filet d'huile d'olive et enfourner 10 à 12 minutes.

POUR 4 PERSONNES - PRÉPARATION 10 MINUTES - CUISSON 10 MINUTES

PETITS PAINS AU ROMARIN

- 1 boule de pâte à pizza
- 1 cuillerée à soupe de farine
- 1 brin de romarin
- 1 pincée de fleur de sel
- 2 cuillerées à soupe d'huile d'olive

1. Diviser la pâte à pizza en 4 pâtons. Les étaler sur le plan de travail fariné.

2. Faire chauffer une poêle (poêle-gril si possible) à feu assez vif et faire cuire les pains plats pendant quelques minutes de chaque côté.

3. Arroser d'huile d'olive, parsemer de romarin et de fleur de sel. Servir sans attendre.

POUR 4 PERSONNES - PRÉPARATION 15 MINUTES

THON À LA CRÈME

- 1 boîte de thon à l'huile d'olive
- 2 cuillerées à soupe de crème fraîche
- 2 oignons nouveaux
- ½ citron
- ½ botte de fines herbes
- Sel, poivre

1. Prélever le zeste du demi-citron puis le presser. Rincer et émincer les oignons nouveaux. Rincer et ciseler les fines herbes. Égoutter le thon.

2. Mélanger le thon, la crème fraîche, les oignons nouveaux, les fines herbes, le zeste et le jus de citron à la fourchette.

3. Saler légèrement et poivrer. Placer au réfrigérateur jusqu'au moment de servir.

POUR 4 PERSONNES - PRÉPARATION 10 MINUTES

RILLETTES DE SARDINE

- 1 boîte de sardines à l'huile
- 100 g de fromage à la crème
- 1 oignon nouveau
- Sel, poivre

1. Rincer et hacher l'oignon nouveau. Retirer l'arête centrale des sardines. Émietter la chair.
2. Mélanger les sardines, le fromage à la crème et l'oignon nouveau. Saler légèrement et poivrer.
3. Réserver au réfrigérateur jusqu'au moment de servir.

POUR 4 PERSONNES - PRÉPARATION 10 MINUTES

RILLETTES DE MAQUEREAU

- 2 filets de maquereau fumé au poivre
- 30 g de beurre
- 1 citron
- 5 brins de persil plat

1. Effeuiller, rincer et ciseler le persil. Presser le citron.
2. Retirer la peau des filets de maquereau et émietter la chair grossièrement. Ajouter le beurre et un filet de jus de citron.
3. Mélanger et transférer dans un bocal. Parsemer de persil ciselé.

POUR 8 PERSONNES - PRÉPARATION 10 MINUTES - REPOS 2 H 30 - CUISSON 25 MINUTES

FOCACCIA

- 500 g de farine
- 1 sachet de levure boulangère
- 300 ml d'eau tiède
- 150 ml d'huile d'olive
- 1 cuillerée à café de sucre
- 4 brins de romarin effeuillés
- 1 cuillerée à café de gros sel
- Sel

1. Dissoudre la levure dans 300 ml d'eau tiède. Ajouter 50 ml d'huile et le sucre. Verser sur la farine dans un saladier et incorporer 2 pincées de sel. Bien mélanger et pétrir la pâte jusqu'à l'obtention d'une boule souple.

2. Couvrir et laisser reposer 2 heures à température ambiante.

3. Étaler la pâte avec les mains huilées sur une plaque recouverte de papier cuisson, laisser reposer 30 minutes.

4. Préchauffer le four à 200 °C. Faire des trous avec un doigt, arroser du reste d'huile, saupoudrer de romarin et de gros sel. Enfourner 25 minutes.

POUR 14 À 16 PERSONNES - PRÉPARATION 30 MINUTES - CUISSON 10 MINUTES

MOZZARELLA STICKS

- 14 à 16 tranches de pain de mie
- 200 g de mozzarella
- 40 g de parmesan
- 200 g de sauce tomate au basilic
- 1 œuf
- Huile de friture
- Sel, poivre

1. Aplatir le pain à l'aide d'un rouleau à pâtisserie. Râper les fromages, les mélanger avec l'œuf. Saler et poivrer.

2. Disposer 1 cuillerée à soupe de préparation au fromage sur 1 tranche de pain. Mouiller les bords avec un peu d'eau. Rouler bien serré en pinçant les extrémités pour éviter que la garniture ne s'échappe.

3. Chauffer l'huile de friture à 180 °C. Faire frire 2 minutes de chaque côté. Servir avec la sauce tomate tiède.

POUR 4 PERSONNES - PRÉPARATION 15 MINUTES - CUISSON 8 MINUTES

MINIPIZZAS

- 1 boule de pâte à pizza
- 250 g de tomates cerises
- 1 boule de mozzarella di bufala
- Quelques feuilles de basilic
- 4 cuillerées à soupe d'huile d'olive
- Sel, poivre

1. Préchauffer le four à 240 °C. Diviser la pâte en 8 pâtons. Les étaler sur le plan de travail légèrement fariné. Déposer sur une plaque recouverte de papier cuisson.

2. Couper les tomates cerises en deux et la mozzarella en petits morceaux. Disposer les tomates et la mozzarella sur les pizzas. Saler et poivrer.

3. Faire cuire 6 à 8 minutes. Arroser d'huile d'olive et décorer de basilic ciselé.

POUR 8 PERSONNES - PRÉPARATION 10 MINUTES - REPOS 2 HEURES

PUNCH CLASSIQUE

- 350 ml de rhum blanc
- 1 litre de jus d'orange
- 1 litre de jus multifruits
- 2 citrons verts
- 2 oranges
- 1 pomme granny-smith
- Glaçons

1. Mélanger le rhum et les jus dans un grand saladier ou une fontaine à punch.
2. Couper les fruits en tranches puis en petits cubes. Les ajouter dans le punch et mélanger. Couvrir et réserver au frais pendant 2 heures au minimum.
3. Servir avec des glaçons.

POUR 8 PERSONNES - PRÉPARATION 10 MINUTES - REPOS 2 HEURES

PLANTER'S PUNCH

- 2 citrons verts
- 450 ml de rhum ambré
- 280 ml de jus d'orange
- 1 banane
- 80 ml de sirop de grenadine
- 10 gouttes de bitter
- Glaçons

1. Découper les citrons verts et la banane en fines tranches. Mélanger tous les ingrédients dans un grand saladier ou une fontaine à punch.

2. Couvrir et réserver au frais pendant 2 heures au minimum.

3. Servir avec des glaçons.

POUR 8 PERSONNES - PRÉPARATION 15 MINUTES - REPOS 2 HEURES

PASTÈQUE PUNCH

- 1,5 kg de pastèque
- 100 ml de jus de citron vert
- 200 ml de vodka
- 1 bouquet de menthe
- 1 citron vert
- 700 ml d'eau pétillante
- Glaçons

1. Éplucher et épépiner la pastèque. Mixer les deux tiers dans un blender. Passer au chinois. Couper la pastèque restante en cubes. Découper le citron vert en tranches.
2. Dans un grand saladier, mélanger le jus et les cubes de pastèque, le jus et les tranches de citron vert, la menthe et la vodka. Réserver au frais pendant 2 heures au minimum.
3. Compléter avec de l'eau pétillante et des glaçons.

POUR 4 PERSONNES - PRÉPARATION 10 MINUTES

SANGRIA

- 1 bouteille de vin rouge
- 750 ml de limonade
- ½ grenade
- 1 orange
- 1 citron
- Sucre (facultatif)
- Glaçons

1. Rincer et sécher les fruits. Couper l'orange et le citron en quartiers. Couper la demi-grenade en morceaux.

2. Verser le vin et la limonade sur les fruits. Ajouter des glaçons. Goûter et ajouter un peu de sucre si nécessaire.

POUR 8 PERSONNES - PRÉPARATION 15 MINUTES - CUISSON 10 MINUTES

VIN CHAUD

- 1 litre de jus de pomme
- 1 bouteille de vin rouge
- 1 cuillerée à soupe de miel
- 1 bâton de cannelle
- 1 anis étoilé
- 1 orange

1. Prélever le zeste de l'orange, couper la chair en demi-rondelles.
2. Mélanger tous les ingrédients dans une casserole sur feu doux. Chauffer et laisser frémir pendant 10 minutes.
3. Verser le vin chaud dans des verres et servir avec 1 lanière de zeste d'orange.

POUR 8 PERSONNES - PRÉPARATION 15 MINUTES - CUISSON 10 MINUTES

RHUM CHAUD

- 3 cm de gingembre
- 1 citron vert
- 2 litres de jus de pomme
- 2 cuillerées à café de miel
- 220 ml de rhum ambré

1. Découper le citron vert en fines tranches. Éplucher et émincer le gingembre. Réserver quelques tranches pour la décoration.

2. Mélanger tous les ingrédients excepté le rhum dans une casserole sur feu doux. Chauffer et laisser frémir pendant 10 minutes. Retirer du feu et ajouter le rhum.

3. Verser le jus chaud dans des verres. Servir avec les tranches de citron vert et de gingembre restantes.

POUR 8 À 10 PERSONNES - PRÉPARATION 30 MINUTES - REPOS 30 MINUTES - CUISSON 15 MINUTES

GINGER ALE

- 300 g de gingembre
- 300 g de sucre
- 40 ml de jus de citron vert
- Eau pétillante
- Citron vert
- Glaçons

1. Éplucher et hacher le gingembre. Mélanger dans une casserole le gingembre, le sucre et 300 ml d'eau. Chauffer sur feu doux jusqu'à frémissement. Laisser infuser 30 minutes.
2. Passer au chinois puis ajouter le jus de citron vert.
3. Verser 40 ml de sirop de gingembre dans un verre. Compléter avec de l'eau pétillante.
4. Servir avec des glaçons et 1 tranche de citron vert.

POUR 1 PERSONNE - PRÉPARATION 5 MINUTES

MOJITO SPRITZER

- 1 citron vert
- 30 ml de jus de citron vert
- 6 feuilles de menthe + 1 brin
- 2 cuillerées à café de sucre de canne
- 200 ml d'eau pétillante
- Glaçons

1. Découper le citron vert en fines tranches.

2. Mélanger le jus de citron vert, le sucre de canne et les feuilles de menthe dans un grand verre. Piler à l'aide d'un pilon à cocktail ou d'une cuillère.

3. Ajouter des glaçons et les tranches de citron vert. Compléter avec l'eau pétillante et mélanger. Décorer avec 1 brin de menthe.

POUR 1 PERSONNE - PRÉPARATION 30 MINUTES - REPOS 30 MINUTES - CUISSON 5 MINUTES

SODA MELON VERT

- 1 melon vert
- 400 g de sucre
- 30 ml de jus de citron vert
- 1 petit bouquet de menthe
- 200 ml d'eau pétillante
- Glaçons

1. Couper le melon en morceaux. Mettre la moitié dans une casserole avec le sucre et 400 ml d'eau. Chauffer jusqu'à frémissement puis laisser infuser 30 minutes.

2. Remplir un verre avec des glaçons. Ajouter quelques morceaux de melon cru et un peu de menthe. Verser 40 ml de sirop de melon et le jus de citron vert puis mélanger.

3. Compléter avec de l'eau pétillante.

POUR 1 PERSONNE - PRÉPARATION 15 MINUTES

GREEN MARY

- 1 gros concombre
- 1 cuillerée à café de jus de citron
- ½ cuillerée à café de cassonade
- 5 gouttes de Tabasco®
- 3 brins de menthe
- 1 bâton de céleri
- 1 olive verte
- Glaçons

1. Éplucher le concombre, garder 1 tranche pour la décoration. Le mixer dans le bol d'un blender puis passer au chinois. Réserver le jus.

2. Remplir un shaker avec des glaçons. Ajouter tous les ingrédients. Secouer pendant 20 secondes.

3. Verser dans un verre et décorer de 1 bâton de céleri, 1 tranche de concombre et 1 olive verte.

POUR 8 PERSONNES - PRÉPARATION 10 MINUTES - REPOS 2 HEURES

LIMONADE FRUITS ROUGES

- 600 ml de jus de citron
- 150 g de fraises
- 150 g de framboises
- 1 citron
- 60 ml de sirop de sucre
- Glaçons

1. Laver les fraises, les équeuter. Couper les fraises et le citron en tranches.
2. Mélanger le jus de citron, le sirop de sucre et 400 ml d'eau dans une carafe. Ajouter les fraises, les framboises et les tranches de citron.
3. Réserver au frais pendant 2 heures au minimum. Servir avec des glaçons.

POUR 4 PERSONNES - PRÉPARATION 25 MINUTES - REPOS 30 MINUTES

PASTÈQUE AQUA FRESCA

- 600 g de pastèque
- 2 cuillerées à soupe de sirop d'agave
- 2 cuillerées à soupe de jus de citron vert
- ½ citron vert
- 4 brins de menthe
- Glaçons

1. Éplucher et épépiner la pastèque. Dans le bol d'un blender, mixer la pastèque et 100 ml d'eau jusqu'à l'obtention d'un liquide lisse. Ajouter le sirop d'agave et le jus de citron vert. Goûter et ajuster le sucre et l'acidité si nécessaire.

2. Réserver au frais pendant 30 minutes au minimum.

3. Servir bien frais avec des glaçons, 1 brin de menthe et 1 tranche de citron vert.

POUR 1 PERSONNE - PRÉPARATION 5 MINUTES

ORANGE GRENADE SUNRISE

- 180 ml de jus d'orange
- 1 cuillerée à café de jus de citron vert
- 1 cuillerée à soupe de graines de grenade
- 30 ml de jus de grenade
- Glaçons

1. Remplir un shaker avec des glaçons. Ajouter le jus d'orange et de citron vert. Secouer pendant 20 secondes.
2. Détacher les graines de grenade à la fourchette et les déposer au fond d'un verre.
3. Verser le jus d'agrumes dans le verre puis ajouter le jus de grenade.

POUR 8 PERSONNES - PRÉPARATION 30 MINUTES - REPOS 2 HEURES

VIRGIN SANGRIA

- 4 sachets de rooibos
- 1 pomme granny-smith
- 1 orange
- 200 ml de jus d'orange
- 100 ml de miel
- 500 ml d'eau pétillante
- Glaçons

1. Verser 1 litre d'eau bouillante sur les sachets de rooibos. Laisser infuser et refroidir.

2. Découper la pomme et l'orange en fines tranches. Mélanger le rooibos, le jus d'orange, le miel et les fruits dans un pichet. Réserver au frais pendant 2 heures au minimum.

3. Compléter avec de l'eau pétillante et mélanger. Servir bien froid avec des glaçons.

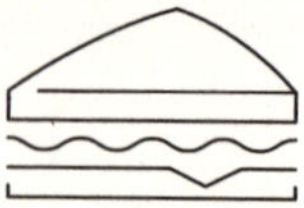

POUR 4 PERSONNES - PRÉPARATION 10 MINUTES

TARTINES TOMATE & ANCHOIS

- 8 tranches de pain de campagne
- 2 tomates
- 16 anchois frais marinés
- 1 oignon rouge
- 4 cuillerées à soupe d'huile d'olive
- Sel, poivre

1. Laver et sécher les tomates. Retirer le pédoncule. Couper les tomates en morceaux. Peler l'oignon et le couper en rondelles fines. Faire griller le pain.

2. Dresser les tomates, les anchois égouttés et les oignons sur le pain. Arroser d'un filet d'huile d'olive, saler légèrement et poivrer.

POUR 4 PERSONNES - PRÉPARATION 10 MINUTES - CUISSON 5 MINUTES

TARTINES DE BURRATA

- 1 baguette
- 1 burrata
- 2 cuillerées à soupe de câpres
- 2 cuillerées à soupe de raisins secs
- 4 filets d'anchois à l'huile
- 8 cuillerées à soupe d'huile d'olive
- Poivre

1. Couper la baguette en fines tranches. Les arroser de 4 cuillerées à soupe d'huile d'olive, enfourner 5 minutes sous le gril du four.

2. Hacher les câpres, les raisins secs et les filets d'anchois, mélanger avec l'huile d'olive restante.

3. Servir la burrata avec la sauce, les tranches de baguette et du poivre moulu.

POUR 4 PERSONNES - PRÉPARATION 10 MINUTES

TARTINES FOURME D'AMBERT

- 8 tranches de pain de campagne
- 100 g de fourme d'Ambert
- 1 ou 2 poires (selon la taille)
- 2 cuillerées à soupe d'huile de noisette
- 1 poignée de pousses d'épinard
- Poivre

1. Faire griller le pain. Peler les poires (facultatif) et les détailler en lamelles fines.
2. Sur chaque tranche de pain, déposer des lamelles de poire, 1 morceau de fourme d'Ambert, arroser d'un filet d'huile de noisette et poivrer.
3. Rincer et sécher les pousses d'épinard, en ajouter sur chaque tartine.

POUR 4 PERSONNES - PRÉPARATION 10 MINUTES

TARTINES CHÈVRE & PESTO

- 8 tranches de pain de campagne
- 4 petites tomates multicolores
- 2 cuillerées à soupe de pesto
- 120 g de fromage de chèvre frais
- 1 filet d'huile d'olive
- Sel, poivre

1. Laver et sécher les tomates. Les couper en morceaux. Faire griller les tranches de pain.

2. Tartiner les tranches de pain de pesto, garnir de tomates et de fromage de chèvre frais, arroser d'un filet d'huile d'olive, saler et poivrer.

POUR 4 PERSONNES - PRÉPARATION 10 MINUTES

TARTINES TOMATE & PESTO

- 8 tranches de pain de campagne
- 4 cuillerées à soupe de pesto
- 300 g de tomates confites
- Quelques feuilles de basilic

1. Faire griller les tranches de pain. Les garnir de pesto et de tomates confites.
2. Décorer avec des feuilles de basilic.

POUR 4 PERSONNES - PRÉPARATION 10 MINUTES

TARTINES TOMATE & AIL

- 8 tranches de pain de campagne
- 2 gousses d'ail
- 2 ou 3 tomates
- 4 cuillerées à soupe d'huile d'olive

1. Peler les gousses d'ail et les dégermer. Laver et sécher les tomates puis les détailler en morceaux.

2. Faire griller les tranches de pain puis les frotter à l'ail. Arroser d'un filet d'huile d'olive puis garnir de tomates, parsemer de fleur de sel et poivrer. Arroser de nouveau d'un peu d'huile d'olive.

POUR 4 PERSONNES - PRÉPARATION 15 MINUTES - CUISSON 35 MINUTES

BAGUETTE À L'AIL

- 1 baguette au levain
- 100 g de beurre mou
- ½ botte de persil
- 2 gousses d'ail

1. Préchauffer le four à 190 °C. Peler et râper l'ail. Effeuiller et rincer le persil.
2. Mixer le beurre avec l'ail et le persil (ou hacher le persil et mélanger à la main).
3. Entailler la baguette à 2 à 3 cm d'intervalle et beurrer ces entailles avec le beurre d'ail.
4. Emballer la baguette dans du papier cuisson (attacher avec une ficelle ou des agrafes) et enfourner 35 minutes.

POUR 4 PERSONNES - PRÉPARATION 10 MINUTES - CUISSON 10 MINUTES

BAGUETTE PESTO & JAMBON

- 1 baguette
- 1 petit pot de pesto
- 8 tranches fines de jambon de Parme

1. Préchauffer le four à 180 °C.

2. Entailler la baguette en biseau sans couper complètement les tranches. Garnir les interstices de pesto et d'un peu de jambon.

3. Envelopper de papier cuisson et enfourner 10 minutes.

POUR 4 PERSONNES - PRÉPARATION 10 MINUTES

TARTINES TOFU & GUACAMOLE

- 12 tranches de pain aux graines
- 250 g de tofu ferme
- 2 avocats
- 2 cuillerées à soupe de jus de citron
- 1 poignée de coriandre
- 1 cuillerée à café de piment de Cayenne
- Sel, poivre

1. Effeuiller et rincer la coriandre. Peler et dénoyauter les avocats.
2. Mixer le tofu, les avocats, le jus de citron, le piment de Cayenne et 12 feuilles de coriandre. Saler et poivrer.
3. Étaler la tartinade sur les tranches de pain aux graines et parsemer de feuilles de coriandre.

POUR 4 PERSONNES - PRÉPARATION 15 MINUTES

MINICLUB CONCOMBRE

- 8 tranches de pain de mie
- 100 g de fromage à la crème
- ½ concombre
- 2 cuillerées à soupe de mayonnaise
- 1 botte de ciboulette

1. Rincer et sécher la ciboulette puis la hacher finement. Laver et sécher le concombre puis le trancher finement. Retirer la croûte du pain de mie.

2. Tartiner 4 tranches de pain de mie de fromage à la crème. Garnir de tranches de concombre puis recouvrir des tranches de pain de mie restantes. Couper en quatre en diagonale.

3. Tartiner de mayonnaise 1 bord de chaque sandwich et le passer dans la ciboulette.

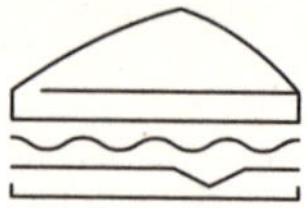

POUR 4 PERSONNES - PRÉPARATION 15 MINUTES - CUISSON 6 MINUTES

MINICROQUES AU PÂTÉ

- 8 tranches de pain de mie
- 1 belle tranche de terrine de campagne
- 1 petit pot de confit d'oignons
- 30 g de beurre

1. Retirer la croûte du pain de mie.

2. Tartiner 4 tranches de pain de mie de terrine de campagne et recouvrir d'un peu d'oignons confits. Recouvrir des tranches de pain de mie restantes.

3. Faire chauffer le beurre dans une grande poêle et faire dorer les sandwichs 3 minutes de chaque coté. Les couper en quatre.

POUR 4 PERSONNES - PRÉPARATION 10 MINUTES - CUISSON 5 MINUTES

CROSTINIS RICOTTA & RAISIN

- 8 tranches de pain de campagne
- 120 g de ricotta
- 100 g de raisin
- 2 cuillerées à soupe d'huile d'olive
- 40 g de pignons de pin
- 10 petits brins de romarin
- Fleur de sel, poivre

1. Rincer le raisin et le romarin. Hacher finement les brins de romarin. Couper les grains de raisin en deux. Faire dorer les pignons de pin dans une poêle antiadhésive pendant 5 minutes en remuant souvent.

2. Faire griller les tranches de pain puis les tartiner de ricotta. Les garnir de raisin et de pignons de pin, puis parsemer de romarin haché, de fleur de sel et arroser d'un trait d'huile d'olive. Poivrer.

POUR 4 PERSONNES - PRÉPARATION 10 MINUTES - CUISSON 10 MINUTES

CROSTINIS CHAMPIGNONS & BURRATA

- 8 tranches de pain de campagne
- 300 g de champignons de Paris
- 3 cuillerées à soupe d'huile d'olive
- 3 brins de thym
- 20 g de beurre
- 1 burrata
- Sel, poivre

1. Couper le pied des champignons de Paris et les essuyer avec un linge. Les couper en deux ou en quatre. Faire chauffer 1 cuillerée à soupe d'huile d'olive et le beurre dans une poêle. Faire cuire les champignons à feu assez vif pendant 8 minutes jusqu'à ce que l'eau se soit évaporée. Saler et poivrer. Parsemer d'un peu de thym.

2. Détailler la burrata en petits morceaux. Faire griller les tranches de pain et les garnir de champignons et de burrata. Arroser du reste d'huile d'olive et parsemer de thym. Poivrer.

POUR 6 PERSONNES - PRÉPARATION 20 MINUTES - CUISSON 50 MINUTES

CROQUETTES DE POTIMARRON

- 1 potimarron
- 1 oignon
- 2 œufs
- 200 g de chapelure
- 250 ml d'huile de cuisson
  + 1 cuillerée à soupe
- 50 g de fécule de pomme de terre
- Sel, poivre

1. Laver et vider le potimarron, le couper en cubes. Cuire 30 minutes à l'eau bouillante salée.

2. Éplucher et hacher l'oignon, le faire revenir 5 minutes dans la cuillerée d'huile, ajouter le potimarron et laisser cuire 5 minutes en écrasant. Laisser tiédir et mélanger avec les jaunes d'œufs, saler et poivrer.

3. Former 12 boules, les rouler dans la fécule, dans les blancs d'œufs battus puis dans la chapelure. Faire frire 6 à 8 minutes dans l'huile chaude.

POUR 6 PERSONNES - PRÉPARATION 15 MINUTES - CUISSON 50 MINUTES

CROQUETTES DE SARDINE

- 400 g de pommes de terre
- 400 g de sardines à l'huile
- 4 œufs
- 1 botte de ciboulette
- 200 g de chapelure
- 300 ml d'huile de cuisson
- Sel, poivre

1. Faire cuire les pommes de terre à l'eau. Les éplucher et les écraser en purée avec les sardines émiettées. Mélanger avec les œufs, du sel, du poivre et la ciboulette ciselée.

3. Faire chauffer l'huile dans une poêle. Réaliser des boules de purée et les rouler dans la chapelure.

4. Les plonger au fur et à mesure dans l'huile bien chaude et laisser frire 3 minutes de chaque côté. Égoutter sur du papier absorbant et saler.

POUR 4 PERSONNES - PRÉPARATION 15 MINUTES - CUISSON 8 MINUTES

CROQUETTES DE THON

- 380 g de thon
- 2 biscottes
- 1 œuf
- 12 brins d'aneth
- 2 yaourts grecs
- 4 cuillerées à soupe d'huile d'olive
- Sel, poivre

1. Égoutter et émietter le thon. Émietter les biscottes. Rincer l'aneth et en ciseler la moitié. Mélanger avec 2 cuillerées à soupe de yaourt et l'œuf, puis saler et poivrer.

2. Former des boulettes avec la préparation et les aplatir légèrement.

3. Verser 2 cuillerées à soupe d'huile dans une poêle bien chaude. Faire cuire les croquettes environ 8 minutes en les retournant à mi-cuisson.

4. Mélanger le reste de yaourt et d'aneth avec 2 cuillerées à soupe d'huile, du sel et du poivre. Servir la sauce yaourt avec les croquettes.

POUR 6 PERSONNES - PRÉPARATION 15 MINUTES

KIWI & CONCOMBRE

- 4 kiwis
- 1 concombre
- 4 brins de menthe
- 6 brins de basilic
- 1 sauce citron (page 107)

1. Éplucher les kiwis. Laver le concombre. Couper en dés les kiwis et le concombre. Rincer, effeuiller et ciseler la menthe et le basilic.
2. Mélanger les herbes avec le concombre et les kiwis.
3. Arroser de sauce avant de servir.

POUR 4 PERSONNES - PRÉPARATION 15 MINUTES

CHAMPIGNONS & CITRON

- 500 g de champignons de Paris
- 20 g de gingembre
- 1 gousse d'ail
- 6 brins de persil
- 12 brins de ciboulette
- ½ sauce citron (page 107)

1. Nettoyer et émincer les champignons de Paris. Peler et hacher le gingembre et l'ail. Rincer et ciseler le persil et la ciboulette.
2. Mélanger les champignons, le gingembre, les herbes et l'ail.
3. Arroser de sauce avant de servir.

POUR 6 PERSONNES - PRÉPARATION 15 MINUTES

POIS CHICHES & CAROTTE

- 250 g de pois chiches en conserve
- 2 carottes
- 4 brins de menthe
- 4 cuillerées à soupe d'huile d'olive
- 1 yaourt grec
- 1 cuillerée à soupe de cumin en poudre
- Sel, poivre

1. Rincer et égoutter les pois chiches. Éplucher et râper les carottes. Effeuiller, rincer et ciseler la menthe.

2. Mélanger les pois chiches, les carottes râpées, la menthe, l'huile d'olive, le yaourt grec, le cumin, du sel et du poivre. Servir frais.

POUR 4 PERSONNES - PRÉPARATION 15 MINUTES - REPOS 15 MINUTES - CUISSON 25 MINUTES

POTATO SARADA

- 600 g de pommes de terre à chair ferme
- 1 grosse carotte
- ½ concombre
- ½ oignon
- 5 cuillerées à soupe de mayonnaise
- 5 cuillerées à soupe de vinaigre de riz
- Sel

1. Éplucher les légumes. Couper les pommes de terre en cubes et la carotte en fines rondelles. Cuire 25 minutes à la vapeur. Vérifier la cuisson en piquant avec un couteau. Ajouter les carottes 5 minutes avant la fin de la cuisson.

2. Émincer le concombre et l'oignon finement. Saler, faire dégorger 15 minutes dans une passoire.

3. Essorer le concombre et l'oignon entre les mains. Mélanger aux pommes de terre tièdes avec la mayonnaise et le vinaigre.

4. Goûter, rectifier l'assaisonnement au besoin.

POUR 4 PERSONNES - PRÉPARATION 15 MINUTES - CUISSON 15 MINUTES

SALADE DE PÂTES COMPLÈTES

- 150 g de pâtes complètes
- 1 botte d'herbes variées
- Le jus de ½ citron
- 2 œufs
- ½ cuillerée à café de moutarde
- 3 cuillerées à soupe d'huile d'olive
- Sel, poivre

1. Faire cuire les pâtes en suivant les instructions sur le paquet. Égoutter, arroser d'huile et laisser refroidir.

2. Faire bouillir de l'eau. Baisser le feu et mettre les œufs. Cuire 6 minutes à petit bouillon. Refroidir et écaler.

3. Rincer et hacher les herbes. Mélanger l'huile restante, 2 cuillerées à café de jus de citron et la moutarde ; saler, poivrer. Verser sur les pâtes puis ajouter les herbes. Servir et poser 1 œuf mollet coupé en deux dans chaque assiette.

POUR 4 PERSONNES - PRÉPARATION 20 MINUTES

TABOULÉ DE CHOU-FLEUR

- 500 g de chou-fleur
- 3 brins de menthe
- 3 brins de persil
- 1 citron confit
- 1 pomme gala ou elstar
- ½ sauce citron (page 107)

1. Laver et râper le chou-fleur et la pomme. Effeuiller, rincer et ciseler les herbes. Hacher le citron confit.
2. Mélanger le chou-fleur et la pomme avec les herbes et le citron confit dans un saladier.
3. Arroser de sauce et servir.

POUR 6 PERSONNES - PRÉPARATION 10 MINUTES - CUISSON 25 MINUTES

POMMES DE TERRE CRÉMEUSES

- 700 g de pommes de terre rattes
- 1 oignon nouveau
- 50 g de roquette
- 100 g de cream cheese
- 6 brins de persil
- 6 cuillerées à soupe de sauce pour salade (page 104)

1. Plonger les rattes dans une casserole d'eau froide, laisser cuire 25 minutes à partir de l'ébullition. Égoutter, laisser tiédir.

2. Rincer et ciseler le persil. Émincer l'oignon nouveau. Mélanger la sauce, le cream cheese, l'oignon nouveau et le persil.

3. Couper les pommes de terre en grosses rondelles, les mélanger à la sauce.

4. Ajouter la roquette, assaisonner et mélanger avant de servir.

POUR 4 PERSONNES - PRÉPARATION 10 MINUTES

LAITUE À LA CRÈME

- 1 laitue
- 4 cuillerées à soupe de crème liquide
- 1 cuillerée à soupe de vinaigre de vin
- 1 échalote
- 1 cuillerée à soupe d'herbes hachées au choix
- Sel, poivre

1. Effeuiller, rincer et essorer la laitue. Éplucher et ciseler l'échalote.
2. Mélanger la crème, le vinaigre, les herbes hachées avec 2 pincées de sel et de poivre.
3. Mélanger les feuilles de laitue avec l'échalote et la sauce avant de servir.

POUR 4 PERSONNES - PRÉPARATION 15 MINUTES

CÉLERI SAUCE YAOURT

- 500 g de céleri-rave
- 1 cuillerée à soupe de raisins secs
- 1 cuillerée à café de wasabi
- 1 sauce yaourt (page 106)

1. Peler et râper finement le céleri-rave.
2. Mélanger la sauce avec le wasabi, arroser le céleri râpé.
3. Mélanger avec les raisins secs. Servir frais.

POUR 4 PERSONNES - PRÉPARATION 10 MINUTES

ENDIVE, POMME & ROQUEFORT

- 2 endives
- 1 pomme acidulée
- 40 g de cerneaux de noix
- 50 g de roquefort
- 1 sauce pour salade (page 104)

1. Rincer les endives et la pomme. Effeuiller les endives, couper la pomme en fins quartiers.
2. Mélanger les endives, les noix, les quartiers de pomme et la sauce.
3. Servir avec le roquefort coupé en morceaux.

POUR 4 PERSONNES - PRÉPARATION 10 MINUTES - CUISSON 3 MINUTES

COURGETTE & BROUSSE

- 2 courgettes
- 200 g de brousse
- 40 g de pignons de pin
- ½ botte de basilic
- 6 cuillerées à soupe d'huile d'olive
- 1 gousse d'ail
- Sel, poivre

1. Faire dorer les pignons 3 minutes dans une poêle sur feu vif.
2. Écraser la moitié des pignons avec la gousse d'ail épluchée, les feuilles de basilic et l'huile d'olive pour obtenir une pommade.
3. Rincer et couper les courgettes en très fines rondelles, mélanger avec la sauce et assaisonner.
4. Servir avec la brousse émiettée.

POUR 4 PERSONNES - PRÉPARATION 20 MINUTES

BETTERAVE & ORANGE

- 100 g de betterave crue
- 2 oranges
- 100 g de chèvre frais
- 2 cuillerées à café de vinaigre balsamique
- 4 cuillerées à café d'huile d'olive
- 2 cuillerées à café de cacao en poudre non sucré
- Sel, poivre

1. Éplucher la betterave, la couper en fines lamelles.
2. Peler les oranges, les couper en fines tranches.
3. Mélanger le vinaigre balsamique avec le cacao, l'huile d'olive, 2 pincées de sel et de poivre moulu.
4. Parsemer les tranches de betterave et d'orange de fromage émietté. Arroser de sauce avant de servir.

POUR 4 PERSONNES - PRÉPARATION 20 MINUTES - CUISSON 10 MINUTES

HARICOTS VERTS, TOMATE & BASILIC

- 500 g de haricots verts
- 200 g de tomates cerises
- 2 œufs
- 1 gousse d'ail
- 1 sauce pour salade (page 104)
- 8 feuilles de basilic
- Sel, poivre

1. Équeuter et rincer les haricots verts. Les cuire 10 minutes à l'eau bouillante salée, les égoutter et les plonger dans de l'eau glacée.

2. Cuire les œufs 10 minutes à l'eau bouillante, les refroidir et les écaler.

3. Rincer et ciseler le basilic. Éplucher et écraser l'ail. Les mélanger en les écrasant avec les œufs durs et la sauce.

4. Rincer et couper les tomates en deux. Servir les tomates avec les haricots verts et la sauce aux œufs écrasés, 2 pincées de sel et de poivre.

POUR 2 PERSONNES - PRÉPARATION 30 MINUTES - CUISSON 20 MINUTES

POULET, BOULGOUR & POIS CHICHES

- 265 g de pois chiches en boîte
- 40 g de boulgour
- 1 filet de poulet
- Le jus de ½ citron
- 1 pincée de graines de cumin
- 4 cuillerées à soupe d'huile d'olive
- Sel, poivre

1. Faire gonfler le boulgour dans 200 ml d'eau bouillante. Hacher la coriandre.
2. Couper le poulet en morceaux. Les poêler avec 1 cuillerée à soupe d'huile pendant 5 minutes. Ajouter le cumin.
3. Fouetter 3 cuillerées à soupe d'huile d'olive et 3 cuillerées à café de jus de citron. Saler et poivrer.
4. Mélanger le boulgour et les pois chiches égouttés, le poulet et la vinaigrette. Parsemer la coriandre.

POUR 4 PERSONNES - PRÉPARATION 20 MINUTES - REPOS 15 MINUTES - CUISSON 12 MINUTES

MELON, POULET & FETA

- 1 melon charentais
- 300 g de blanc de poulet
- 100 g de feta
- 2 brins d'aneth
- 4 cuillerées à soupe de pastis
- 4 cuillerées à soupe d'huile d'olive
- Sel, poivre

1. Griller le blanc de poulet 6 minutes de chaque côté, l'emballer dans du papier d'aluminium, laisser tiédir 15 minutes.

2. Peler le melon, le couper en deux, l'égrener et le couper en morceaux. Le mélanger avec le pastis et l'huile d'olive. Laisser reposer 10 minutes au frais.

3. Couper le poulet en lanières, ciseler l'aneth, effriter la feta. Mélanger le melon avec le poulet, la feta et l'aneth, 2 pincées de sel et de poivre. Servir frais.

POUR 6 PERSONNES - PRÉPARATION 30 MINUTES - CUISSON 17 MINUTES

SALADE CÉSAR

- 1 laitue romaine
- 300 g de blanc de poulet
- 80 g de mayonnaise
- 4 cuillerées à soupe de sauce Worcestershire
- 70 g de parmesan
- ¼ de baguette
- Sel, poivre

1. Griller le poulet dans une poêle bien chaude 6 minutes de chaque côté. L'emballer dans du papier d'aluminium, laisser refroidir.

2. Couper la baguette en croûtons, les dorer 5 minutes dans la poêle avec un peu de matière grasse sur feu vif.

3. Mélanger la mayonnaise et la sauce Worcestershire. Effeuiller la salade, la mélanger à la mayonnaise, saler et poivrer.

4. Servir la salade avec le poulet coupé en tranches, le parmesan en copeaux et les croûtons.

POUR 4 PERSONNES - PRÉPARATION 10 MINUTES - CUISSON 6 MINUTES

COLESLAW ASIATIQUE

- ½ petit chou rouge
- 3 carottes
- 2 blancs de poulet
- 90 g de noix de cajou
- 1 botte de coriandre
- 4 cuillerées à soupe de sauce chili
- Sel

1. Mettre le poulet dans une casserole d'eau salée. Porter à ébullition et cuire 2 minutes. Éteindre et réserver dans l'eau de cuisson.
2. Nettoyer les légumes. Râper finement le chou et les carottes. Effeuiller et rincer la coriandre.
3. Égoutter le poulet et l'effilocher à la main. Mélanger tous les ingrédients, saler.
4. Goûter, rectifier l'assaisonnement.

POUR 2 PERSONNES - PRÉPARATION 15 MINUTES - REPOS 15 MINUTES - CUISSON 6 MINUTES

VERMICELLES & POULET

- 100 g de vermicelles transparents de haricot mungo
- 1 blanc de poulet
- ½ oignon rouge
- 2 branches de céleri
- 6 cuillerées à soupe de sauce pour salade (page 104)
- ⅓ de botte de coriandre

1. Tremper les vermicelles dans de l'eau tiède. Mettre le poulet dans une casserole d'eau salée et porter à ébullition. Cuire 5 minutes, éteindre et laisser tiédir dans l'eau.

2. Éplucher et émincer l'oignon et le céleri. Cuire les vermicelles 1 minute dans de l'eau bouillante, égoutter, rincer à l'eau froide. Déchirer le poulet à la main ou l'émincer au couteau.

3. Mélanger tous les ingrédients. Goûter, rectifier l'assaisonnement.

POUR 6 PERSONNES - PRÉPARATION 30 MINUTES - CUISSON 20 MINUTES

MAQUEREAU & POIS

- 150 g de maquereau fumé
- 250 g de lentilles beluga ou vertes
- 200 g de petits pois surgelés
- 400 g d'edamame surgelés
- ½ botte de cerfeuil
- 1 sauce pour salade (page 104)
- Poivre

1. Mettre les lentilles dans une casserole d'eau froide et cuire 15 minutes à partir de l'ébullition. Égoutter, rincer et laisser refroidir.

2. Plonger les edamame et les petits pois dans une casserole d'eau bouillante salée et cuire 3 minutes après retour de l'ébullition. Égoutter et placer dans de l'eau glacée.

3. Mélanger les lentilles, les edamame écossés, les petits pois, le cerfeuil et le maquereau effiloché. Arroser de sauce, poivrer et mélanger.

POUR 4 PERSONNES - PRÉPARATION 10 MINUTES - REPOS 24 HEURES

TOMATES CERISES & MORUE

- 500 g de tomates cerises
- 300 g de morue séchée
- 2 cuillerées à soupe d'huile d'olive
- 1 oignon nouveau
- Poivre

1. Plonger la morue dans un saladier rempli d'eau. Laisser tremper 24 heures en changeant l'eau 3 fois.

2. Nettoyer les légumes. Couper les tomates en deux, émincer l'oignon. Effilocher la morue.

3. Mélanger les tomates, la morue, l'huile d'olive et l'oignon avec 2 pincées de poivre moulu. Servir frais.

POUR 4 PERSONNES - PRÉPARATION 10 MINUTES - CUISSON 10 MINUTES

RIZ, THON & CORNICHONS

- 200 g de riz blanc thaï ou basmati
- 100 g de filets de thon à l'huile d'olive
- 100 g de mortadelle
- 10 cornichons
- 1 oignon nouveau
- 1 sauce pour salade (page 104)

1. Cuire le riz 10 minutes dans 2 fois son volume d'eau sur feu doux. Rincer sous l'eau froide et égoutter.
2. Émietter le thon, garder l'huile, les mélanger au riz.
3. Émincer les cornichons et l'oignon. Les mélanger au riz et au thon.
4. Couper les tranches de mortadelle en quatre, ajouter au riz avec la vinaigrette. Mélanger et réfrigérer avant de servir.

POUR 4 PERSONNES - PRÉPARATION 10 MINUTES

HARICOTS BLANCS, THON & CÂPRES

- 400 g de haricots blancs en conserve
- 150 g de filets de thon à l'huile d'olive
- 60 g de câpres
- 1 poivron rouge
- 6 brins de coriandre
- ½ sauce pour salade (page 104)

1. Rincer et égoutter les haricots et les câpres.

2. Laver, évider et émincer le poivron rouge. Effeuiller et rincer la coriandre. Émietter le thon, réserver l'huile.

3. Mélanger les haricots, les câpres, le poivron, la coriandre, le thon et l'huile avec la sauce avant de servir.

POUR 3 À 4 SALADES - PRÉPARATION 5 MINUTES - REPOS 10 MINUTES

SAUCE POUR SALADE

- 180 g de sucre de canne
- 120 ml de nuoc-mâm
- 3 citrons verts
- 1 à 2 piments oiseau
- 2 cuillerées à café rases de sel

1. Mélanger le sucre, le nuoc-mâm, le sel et le jus des citrons verts. Ajouter le piment émincé.

2. Laisser reposer 10 minutes, le temps que le sucre se dissolve. Utiliser immédiatement et conserver le reste dans un bocal au frais.

3. La sauce peut se garder 2 semaines et s'utilise comme assaisonnement pour toutes les salades.

POUR 1 SALADE - PRÉPARATION 5 MINUTES

SAUCE TAHINI

- 2 cuillerées à soupe de tahini
- 1 citron vert
- 1 cuillerée à soupe de sauce soja
- 3 cuillerées à soupe d'eau chaude

1. Zester et presser le citron vert.
2. Fouetter le jus et le zeste avec le tahini, la sauce soja et 3 cuillerées à soupe d'eau chaude.

POUR 1 SALADE - PRÉPARATION 5 MINUTES

SAUCE YAOURT

- 1 yaourt
- 2 cuillerées à soupe d'huile d'olive
- ½ cuillerée à soupe de vinaigre de vin
- 1 cuillerée à soupe de sirop d'érable
- 2 brins d'aneth
- Sel, poivre

1. Rincer et ciseler l'aneth.
2. Mélanger le yaourt avec l'huile d'olive, le vinaigre, le sirop d'érable, l'aneth, 2 pincées de sel et de poivre.

POUR 1 SALADE - PRÉPARATION 5 MINUTES

VINAIGRETTE

- ½ cuillerée à soupe de moutarde à l'ancienne
- 6 cuillerées à soupe d'huile (au choix)
- ½ cuillerée à soupe de vinaigre de xérès
- Sel, poivre

1. Fouetter ensemble tous les ingrédients avec 2 pincées de sel et de poivre.

POUR 1 SALADE - PRÉPARATION 5 MINUTES

SAUCE CITRON

- 1 citron
- 6 cuillerées à soupe d'huile d'olive
- ½ cuillerée à soupe de vinaigre balsamique
- 10 g de gingembre
- 2 brins de persil
- 4 brins de ciboulette
- Sel, poivre

1. Rincer et ciseler le persil et la ciboulette. Zester et presser le citron. Peler et râper le gingembre.
2. Mélanger le jus et la moitié du zeste de citron avec l'huile d'olive, le vinaigre balsamique, le gingembre, le persil, la ciboulette, 2 pincées de sel et de poivre.

POUR 4 PERSONNES - PRÉPARATION 5 MINUTES - CUISSON 40 MINUTES

BOUILLON DE PLUCHES

- 200 à 300 g d'épluchures de légumes propres
- 5 à 6 grains de poivre
- 1 cuillerée à café de graines de coriandre
- Quelques tiges de persil
- Sel

1. Mettre les épluchures, les tiges de persil, le poivre et les graines de coriandre dans une casserole et recouvrir d'eau froide.
2. Porter à ébullition, diminuer le feu et faire mijoter 35 minutes.
3. Filtrer et saler.

POUR 4 PERSONNES - PRÉPARATION 5 MINUTES - CUISSON 35 MINUTES

POIREAU & BROCOLI

- 600 g de brocoli
- 1 poireau
- 1 gousse d'ail
- 2 brins de thym
- 100 ml de crème liquide
- 100 g de comté râpé
- Sel

1. Laver et émincer le poireau. Rincer et couper le brocoli en morceaux. Éplucher et émincer l'ail.

2. Mettre les légumes dans une cocotte avec 1 pincée de sel, les feuilles de thym et 1 litre d'eau. Cuire 30 minutes à couvert.

3. Mixer avec la crème pour obtenir un velouté. Servir bien chaud avec le comté râpé.

POUR 4 PERSONNES - PRÉPARATION 15 MINUTES - CUISSON 30 MINUTES

VELOUTÉ DE CAROTTES

- 600 g de jeunes carottes en botte
- 1 pomme de terre à chair farineuse (bintje, agria)
- 20 g de beurre
- ½ botte de coriandre
- Sel, poivre

1. Éplucher la pomme de terre et les carottes. Les couper en tranches. Effeuiller et rincer la coriandre.

2. Mettre ces légumes dans une casserole avec 1 litre d'eau. Porter à ébullition et laisser cuire 25 minutes environ, le temps que les carottes soient tendres.

3. Mixer avec le beurre et les feuilles de coriandre. Ajuster la quantité d'eau pour obtenir la bonne consistance, saler et poivrer.

POUR 4 PERSONNES - PRÉPARATION 5 MINUTES - CUISSON 35 MINUTES

CAROTTE & PANAIS

- 400 g de carottes
- 400 g de panais
- 1 oignon
- 2 cuillerées à soupe d'huile d'olive
- 1 cube de bouillon de légumes
- 1 pincée de cannelle
- Sel

1. Éplucher et couper les carottes et les panais en rondelles. Éplucher et émincer l'oignon.
2. Faire chauffer l'huile dans une cocotte sur feu moyen, faire revenir l'oignon pendant 5 minutes.
3. Ajouter les carottes, les panais, le cube de bouillon, la cannelle, 1 litre d'eau et 1 pincée de sel. Cuire 30 minutes à couvert.
4. Mixer pour obtenir un velouté et servir chaud, parsemé de cannelle.

POUR 4 PERSONNES - PRÉPARATION 5 MINUTES - CUISSON 10 MINUTES

PETIT POIS & MENTHE

- 600 g de petits pois surgelés
- 1 gros oignon
- 1 cube de bouillon au choix
- 125 g de mozzarella di bufala
- 3 à 4 brins de menthe
- Sel, poivre

1. Éplucher et émincer l'oignon. Le mettre dans une casserole avec les petits pois surgelés. Ajouter le cube de bouillon et 750 ml d'eau. Cuire à petits bouillons pendant 10 minutes.

2. Vérifier la cuisson des petits pois. Ajouter la menthe hors du feu et mixer. Goûter et rectifier l'assaisonnement.

3. Couper la mozzarella en quatre. Répartir dans des bols et verser la soupe bien chaude dessus.

POUR 4 PERSONNES - PRÉPARATION 5 MINUTES - CUISSON 28 MINUTES

COURGETTE & CORIANDRE

- 2 courgettes
- ½ botte de coriandre
- 1 oignon
- 1 citron
- 100 g de lentilles corail
- 2 cuillerées à soupe d'huile d'olive
- Sel

1. Laver et couper les courgettes en dés. Éplucher et hacher l'oignon. Effeuiller et rincer la coriandre.
2. Faire revenir l'oignon 3 minutes dans une cocotte avec l'huile d'olive.
3. Ajouter les courgettes, les lentilles corail, 1 pincée de sel et 1 litre d'eau. Laisser cuire pendant 25 minutes à feu moyen.
4. Ajouter la coriandre ciselée et le jus du citron avant de servir.

POUR 4 PERSONNES - PRÉPARATION 15 MINUTES - CUISSON 40 MINUTES

SOUPE CATALANE AUX LENTILLES

- 250 g de lentilles vertes
- 150 g de chorizo
- 4 tomates
- 1 gros oignon
- 1 cuillerée à soupe de curry en poudre
- ½ botte de persil plat
- 2 cuillerées à soupe d'huile de tournesol
- Sel

1. Laver et couper les tomates en morceaux. Éplucher et émincer l'oignon. Couper le chorizo en rondelles.

2. Chauffer l'huile dans une cocotte et faire dorer le chorizo. Ajouter l'oignon, faire suer puis ajouter les tomates, les lentilles et le curry.

3. Verser 1,2 litre d'eau et cuire à petite ébullition pendant 35 minutes. Remuer de temps en temps et rajouter un peu d'eau au besoin. Saler en fin de cuisson et parsemer de persil haché.

POUR 4 PERSONNES - PRÉPARATION 15 MINUTES - CUISSON 30 MINUTES

POIREAU & POMME DE TERRE

- 600 g de pommes de terre
- 400 g de poireaux
- ½ boîte de maïs
- 1 litre de bouillon de poule
- 1 pincée de piment d'Espelette
- 1 filet d'huile d'olive
- Sel, poivre

1. Éplucher les pommes de terre et les couper en dés de 2 × 3 cm. Couper les poireaux en fines tranches et les rincer soigneusement. Égoutter le maïs.

2. Dans une grande casserole, faire chauffer un filet d'huile d'olive. Ajouter les poireaux, les pommes de terre puis le bouillon et le maïs.

3. Porter à ébullition puis laisser frémir 25 minutes à feu doux. Assaisonner avec du sel, du poivre et le piment d'Espelette.

POUR 4 PERSONNES - PRÉPARATION 20 MINUTES - CUISSON 40 MINUTES

SOUPE AU SARRASIN

- 50 g de sarrasin torréfié (kacha)
- 2 carottes
- 5 à 6 feuilles de chou vert frisé
- 1 branche de céleri
- 1 oignon rouge
- 1 bonne pincée de piment d'Espelette
- 2 cuillerées à soupe d'huile d'olive
- Sel, poivre

1. Faire cuire le sarrasin 10 minutes dans de l'eau bouillante et l'égoutter. Nettoyer et éplucher l'oignon, les carottes et le céleri. Les détailler en petits dés. Tailler le chou en lanières.

2. Faire revenir les carottes, l'oignon et le céleri dans l'huile sur feu doux pendant 20 minutes en remuant souvent. Le mélange doit à peine colorer et devenir bien tendre.

3. Verser 300 ml d'eau et laisser mijoter 5 minutes. Saler, poivrer et mettre le chou. Laisser cuire 5 à 10 minutes.

4. Prélever 2 louches de cette préparation et mixer avec le sarrasin. Remettre le mélange mixé dans la casserole. Mélanger, ajuster la quantité d'eau, saler, poivrer et ajouter 1 pincée de piment.

POUR 4 PERSONNES - PRÉPARATION 15 MINUTES - CUISSON 35 MINUTES

SOUPE À L'OIGNON

- 600 g d'oignons
- ½ gousse d'ail
- 1 cuillerée à café de moutarde de Dijon
- 1,2 litre de bouillon de poule
- 5 brins de thym
- 30 g beurre
- Sel, poivre

1. Éplucher les oignons, les émincer finement en tranches. Éplucher l'ail.
2. Faire fondre le beurre dans une grande casserole.
3. Ajouter les oignons et presser l'ail dedans puis laisser cuire 10 minutes à feu doux en remuant souvent.
4. Ajouter le bouillon, les brins de thym et la moutarde, et laisser cuire encore 25 minutes à feu doux. Saler et poivrer.

POUR 4 PERSONNES - PRÉPARATION 10 MINUTES - CUISSON 40 MINUTES

SOUPE COMPLÈTE

- 150 g de lentilles vertes
- 2 cuillerées à soupe de concentré de tomates
- 4 branches de céleri
- 1 carotte
- 100 g de petites pâtes
- 1 oignon
- Sel

1. Rincer et émincer le céleri, feuilles comprises, et réserver une partie des feuilles pour servir. Éplucher et couper la carotte en dés. Éplucher et émincer l'oignon.

2. Dans une cocotte, mettre le céleri, la carotte, les lentilles, le concentré de tomates, l'oignon émincé et 1 litre d'eau.

3. Laisser cuire pendant 30 minutes, ajouter les pâtes et 1 pincée de sel. Laisser cuire 5 minutes. Servir avec les feuilles de céleri ciselées.

POUR 4 PERSONNES - PRÉPARATION 15 MINUTES - CUISSON 30 MINUTES

POMME DE TERRE & ROMARIN

- 850 g de pommes de terre
- 1 petit oignon
- 1 litre de bouillon de poule
- 3 brins de romarin
- 1 filet d'huile d'olive
- Sel, poivre

1. Éplucher et couper l'oignon en petits morceaux. Éplucher les pommes de terre et les couper en morceaux de 2 × 3 cm environ.

2. Dans une grande casserole, verser un filet d'huile d'olive et les morceaux d'oignon, remuer à feu doux pendant 3 minutes.

3. Verser les pommes de terre, le bouillon chaud et les brins de romarin. Laisser cuire 25 minutes environ jusqu'à ce que les pommes de terre soient fondantes. Saler et poivrer.

POUR 4 PERSONNES - PRÉPARATION 15 MINUTES - CUISSON 20 MINUTES

COURGETTE & PISTOU

- 1 kg de courgettes
- 1 litre de bouillon de légumes
- 4 cuillerées à soupe de pistou
- 60 ml de crème épaisse
- 4 brins de cerfeuil
- Sel, poivre

1. Rincer et couper les courgettes en rondelles. Dans une grande casserole, porter à ébullition le bouillon avec les courgettes puis laisser frémir 15 minutes à feu doux.

2. Mixer les rondelles de courgette avec une petite louche de bouillon (environ 200 ml) puis ajuster selon la consistance souhaitée. Saler, poivrer, ajouter la crème et remuer.

3. Verser dans des bols, ajouter 1 cuillerée à soupe de pistou et parsemer le cerfeuil.

POUR 4 PERSONNES - PRÉPARATION 5 MINUTES - CUISSON 35 MINUTES

POIS CASSÉ & CAROTTE

- 200 g de pois cassés
- 1 navet
- 2 échalotes
- 1 carotte
- 1 cube de bouillon de légumes
- 25 g de beurre

1. Peler et émincer les échalotes. Éplucher le navet et la carotte, les couper en rondelles de 1 cm d'épaisseur. Faire fondre le beurre dans une cocotte et faire suer les échalotes pendant 5 minutes.

2. Ajouter le navet, la carotte, les pois cassés, le cube de bouillon et 1 litre d'eau.

3. Laisser cuire pendant 30 minutes puis mixer pour obtenir un velouté. Servir bien chaud.

POUR 4 PERSONNES - PRÉPARATION 5 MINUTES - CUISSON 25 MINUTES

DAHL DE LENTILLES CORAIL

- 200 g de lentilles corail
- 1 petite boîte de tomates
- 1 oignon
- 400 ml de lait de coco
- Quelques brins de coriandre
- 1 cuillerée à soupe d'huile d'olive
- Sel

1. Éplucher l'oignon et le couper en dés. Laver et hacher la coriandre.
2. Faire chauffer l'huile dans une casserole et faire revenir l'oignon. Ajouter les lentilles et les tomates. Saler. Couvrir d'eau et faire cuire à couvert 15 minutes, à feu doux.
3. Ajouter le lait de coco et continuer la cuisson pendant 5 minutes. Rectifier l'assaisonnement. Parsemer la soupe de coriandre au moment de servir.

POUR 4 PERSONNES - PRÉPARATION 5 MINUTES - CUISSON 20 MINUTES

POIS CHICHE & TOMATE

- 1 grande boîte de pois chiches
- 1 grande boîte de tomates pelées
- 1 petit oignon
- 1 cuillerée à café de curry en poudre
- 1 petite botte de persil
- 1 filet d'huile d'olive
- Sel

1. Éplucher l'oignon et le couper en dés. Laver et hacher le persil.
2. Faire chauffer un peu d'huile dans une casserole et faire revenir l'oignon. Ajouter les pois chiches préalablement égouttés ainsi que les tomates. Saler et ajouter le curry.
3. Couvrir d'eau et faire cuire à couvert 15 minutes, à feu doux. Rectifier l'assaisonnement. Parsemer la soupe de persil au moment de servir.

POUR 4 PERSONNES - PRÉPARATION 25 MINUTES - CUISSON 20 MINUTES

CAROTTE & ORANGE

- 750 g de carottes
- 2 oranges
- 1 litre de bouillon de légumes
- 4 quenelles nature
- ½ botte de ciboulette
- 15 g de beurre
- Sel, poivre

1. Faire dorer les quenelles 10 minutes avec le beurre dans une poêle à feu doux. Les couper en rondelles.

2. Éplucher et couper les carottes en rondelles. Rincer et ciseler la ciboulette. Éplucher les oranges et prélever les suprêmes.

3. Porter à ébullition le bouillon avec les carottes puis laisser mijoter 20 minutes. Mixer les carottes et les oranges avec 300 ml de bouillon puis ajuster selon la consistance souhaitée. Saler et poivrer.

4. Verser dans des bols, ajouter les quenelles et la ciboulette.

POUR 4 PERSONNES - PRÉPARATION 10 MINUTES - CUISSON 30 MINUTES

CAROTTE & CURCUMA

- 750 g carottes
- 1 cuillerée à café de curcurma en poudre
- 1 litre de bouillon de légumes
- 5 cm de gingembre
- 3 brins de persil
- 1 filet d'huile d'olive
- Sel, poivre

1. Éplucher et couper les carottes en fines rondelles. Éplucher et râper le gingembre. Rincer et hacher la coriandre.

2. Dans une casserole, faire revenir les carottes, 2 cuillerées à soupe de gingembre râpé et le curcuma dans l'huile chaude pendant 5 minutes. Verser le bouillon et laisser cuire 25 minutes.

3. Mixer avec la moitié du bouillon et ajuster selon la consistance souhaitée. Saler, poivrer et parsemer la coriandre.

POUR 4 PERSONNES - PRÉPARATION 15 MINUTES - CUISSON 25 MINUTES

PATATE DOUCE & PANAIS

- 800 g de patates douces
- 300 g de panais
- 1 litre de bouillon de légumes
- 4 cuillerées à soupe de cacahuètes
- 3 brins thym
- 100 g de lentilles vertes du Puy
- Sel, poivre

1. Faire cuire les lentilles comme indiqué sur le paquet. Éplucher et couper en dés les patates douces et le panais. Faire griller les cacahuètes dans une poêle.

2. Dans une casserole, porter à ébullition le bouillon avec les patates douces, le panais et le thym puis faire frémir 25 minutes.

3. Mixer avec la moitié du bouillon et ajuster selon la consistance souhaitée. Saler et poivrer. Verser dans des bols avec les lentilles et des cacahuètes concassées.

POUR 4 PERSONNES - PRÉPARATION 20 MINUTES - CUISSON 35 MINUTES

POTIRON & CURRY

- 800 g de potiron
- ½ cuillerée à café de curry en poudre
- 1 gousse d'ail
- ½ botte de ciboulette
- 1 litre de bouillon de légumes
- 2 cuillerées à soupe d'huile de sésame
- Sel, poivre

1. Éplucher le potiron et le couper en dés. Rincer et ciseler la ciboulette. Éplucher et couper l'ail en deux.

2. Dans une grande casserole, verser l'huile de sésame, le curry et l'ail, et faire revenir 3 minutes à feu doux. Verser le bouillon et porter à ébullition puis laisser frémir pendant 25 minutes environ.

3. Mixer avec la moitié du bouillon et ajuster selon la consistance souhaitée. Saler, poivrer et parsemer la ciboulette.

POUR 4 PERSONNES - PRÉPARATION 10 MINUTES - CUISSON 10 MINUTES

COURGETTE & PÂTES

- 1 oignon
- 2 courgettes
- 4 portions de Vache qui rit®
- 100 g de pâtes alphabet
- 1 cube de bouillon de légumes
- Sel

1. Laver et couper les courgettes en petits cubes. Éplucher et émincer l'oignon.
2. Mettre tous les ingrédients dans une casserole. Ajouter 1 cuillerée à café de sel et 700 ml d'eau.
3. Porter à ébullition et laisser cuire 5 minutes.

POUR 4 PERSONNES - PRÉPARATION 10 MINUTES - CUISSON 25 MINUTES

CHOU VERT & LARDONS FUMÉS

- 600 g de chou vert
- 150 g de lardons fumés
- 1 petit oignon
- 1 litre de bouillon de légumes
- 40 ml de crème fraîche épaisse
- 1 cuillerée à café de moutarde de Dijon

1. Dans une poêle, faire revenir les lardons 10 minutes jusqu'à ce qu'ils soient croustillants.

2. Éplucher l'oignon et le couper en petits dés. Enlever les premières feuilles du chou puis couper grossièrement le reste en morceaux.

3. Dans une grande casserole, faire frémir le bouillon puis ajouter le chou, l'oignon et la moutarde. Laisser cuire 15 minutes à feu doux. Ajouter les lardons, saler et poivrer.

4. Verser dans des bols et ajouter un peu de crème fraîche.

POUR 4 PERSONNES - PRÉPARATION 10 MINUTES - CUISSON 15 MINUTES

BROCOLI & GINGEMBRE

- 1 brocoli
- 5 cm de gingembre
- 1,2 litre de bouillon de poule
- 40 g de radis noir
- 3 brins de coriandre
- Sel, poivre

1. Éplucher le radis noir et le couper en très fines rondelles. Détacher les fleurettes de brocoli. Éplucher et râper le gingembre, il vous en faut 1 cuillerée à soupe.

2. Dans une grande casserole, faire frémir le bouillon. Verser les brocolis et le gingembre, et laisser frémir 10 minutes à feu doux.

3. Mixer le brocoli avec la moitié du bouillon et ajuster selon la consistance souhaitée. Saler et poivrer. Verser dans des bols et ajouter les tranches de radis et la coriandre.

POUR 4 PERSONNES - PRÉPARATION 15 MINUTES - REPOS 1 HEURE

CONCOMBRE & YAOURT

- 2 concombres
- 2 yaourts
- 6 brins d'aneth
- 1 filet d'huile d'olive
- Quelques tranches de pain
- Sel, poivre

1. Rincer et couper les concombres en petits dés.
2. Mixer les dés de concombre avec les yaourts, 2 brins d'aneth et un filet d'huile d'olive. Saler et poivrer. Placer 1 heure au réfrigérateur.
3. Verser la soupe dans des bols, parsemer l'aneth restant, arroser d'un filet d'huile et servir avec du pain.

POUR 4 PERSONNES - PRÉPARATION 20 MINUTES - CUISSON 5 MINUTES

SOUPE VERTE AUX RADIS

- 600 ml de bouillon de légumes
- ½ grosse botte de persil
- 2 avocats
- 1 grosse poignée de roquette
- 1 citron
- 4 radis roses
- Sel, poivre

1. Presser le citron. Rincer la roquette et le persil. Couper les avocats en deux, enlever la peau et le noyau, et couper la chair en morceaux. Rincer les radis et les couper en fines rondelles.

2. Porter le bouillon à ébullition. Dans un blender, mixer les avocats, 3 cuillerées à soupe de jus de citron, le persil, la roquette (garder quelques feuilles) et 500 ml de bouillon. Saler, poivrer puis ajouter le reste de bouillon au besoin.

3. Verser dans des bols et ajouter des rondelles de radis et quelques feuilles de roquette.

POUR 4 PERSONNES - PRÉPARATION 25 MINUTES - CUISSON 5 MINUTES

SOUPE AU PESTO

- 1 grosse botte de basilic
- 50 g de parmesan
- 50 g de pignons de pin
- 120 ml d'huile d'olive
- 1 petite gousse d'ail
- 600 ml de bouillon de légumes
- Sel, poivre

1. Griller les pignons 4 minutes dans une poêle. Râper le parmesan. Éplucher et ciseler l'ail. Rincer et hacher le basilic.

2. Mixer le basilic (sauf quelques feuilles), l'huile d'olive, l'ail, les pignons (sauf quelques-uns) et 40 g de parmesan finement râpé. Saler et poivrer. Porter à ébullition le bouillon et verser sur le pesto.

3. Verser dans des bols. Parsemer les pignons, le parmesan et le basilic restants.

POUR 4 PERSONNES - PRÉPARATION 5 MINUTES - CUISSON 20 MINUTES

VELOUTÉ DE PETITS POIS

- 300 g de petits pois
- 50 g de poitrine fumée
- 1 oignon
- 1 courgette
- 100 ml de crème liquide
- Sel, poivre

1. Émincer l'oignon. Couper la courgette en dés. Mettre tous les ingrédients dans une casserole.

2. Ajouter 1 litre d'eau, ½ cuillerée à café de sel et 2 pincées de poivre moulu.

3. Laisser cuire 20 minutes à couvert à feu moyen. Mixer.

POUR 4 PERSONNES - PRÉPARATION 25 MINUTES - CUISSON 25 MINUTES

CAROTTE & POMME

- 700 g de carottes
- 1 ½ pomme rouge
- 1 litre de bouillon de légumes
- 4 cuillerées à soupe de graines de courge
- Sel, poivre

1. Éplucher et couper les carottes en fines rondelles. Rincer et éplucher la pomme et demie, la couper en gros dés. Griller les graines de courge 6 à 8 minutes dans une poêle à feu moyen.

2. Dans une grande casserole, porter à ébullition le bouillon avec les carottes et la pomme puis laisser frémir 25 minutes.

3. Mixer avec 250 ml de bouillon puis ajuster selon la consistance souhaitée. Saler, poivrer et parsemer les graines de courge.

POUR 4 PERSONNES - PRÉPARATION 10 MINUTES - CUISSON 20 MINUTES

TOMATE & VERMICELLES

- 500 g de tomates
- 1 oignon
- 2 cuillerées à soupe d'huile d'olive
- 1 petite botte de basilic
- 1 cube de bouillon de poule
- 50 g de vermicelles

1. Rincer les tomates et le basilic. Éplucher l'oignon. Hacher les tomates et l'oignon. Ciseler le basilic.

2. Faire chauffer l'huile dans une casserole et faire revenir l'oignon 5 minutes. Ajouter le reste des ingrédients, 1 cuillerée à café de sel, 2 pincées de poivre moulu et couvrir de 1 litre d'eau.

3. Laisser cuire 20 minutes, verser les vermicelles et laisser cuire encore 3 minutes.

POUR 4 PERSONNES - PRÉPARATION 20 MINUTES - CUISSON 25 MINUTES

CROQUE-CAKES

- 8 à 10 tranches de pain de mie
- 4 à 6 tranches de jambon blanc
- 60 g de beurre salé
- 80 à 100 g de gruyère râpé

1. Préchauffer le four à 180 °C. Beurrer généreusement un moule à cake.

2. Retirer la croûte du pain de mie. Couper les tranches de la taille du moule.

3. Déposer une couche de pain de mie beurré dans le moule, puis une couche de jambon et une couche de fromage râpé. Renouveler l'opération une fois. Terminer par une couche de pain de mie et de beurre.

4. Bien presser. Faire cuire 25 minutes, démouler et découper.

POUR 6 PERSONNES - PRÉPARATION 10 MINUTES - CUISSON 45 MINUTES

CAKE OLIVES & JAMBON

- 250 g de farine
- 1 sachet de levure chimique
- 200 g d'olives vertes dénoyautées
- 200 g de dés de jambon
- 100 ml de lait
- 150 g de gruyère râpé
- 4 œufs
- 100 ml d'huile neutre
- Sel, poivre

1. Préchauffer le four à 180 °C. Huiler un moule à cake.

2. Mélanger la farine et la levure puis ajouter les œufs, le lait et l'huile. Ajouter les olives, le jambon et le fromage râpé. Ne pas trop travailler la pâte. Saler et poivrer.

3. Verser dans le moule huilé et faire cuire 45 minutes environ. Vérifier la cuisson avec une pique en bois. Laisser tiédir avant de démouler.

POUR 6 PERSONNES - PRÉPARATION 10 MINUTES - CUISSON 45 MINUTES

CAKE POIRE & ROQUEFORT

- 250 g de farine
- 1 sachet de levure chimique
- 4 œufs
- 100 ml de lait
- 1 poire
- 150 g de roquefort
- 100 ml d'huile neutre
- Sel, poivre

1. Préchauffer le four à 180 °C. Huiler un moule à cake. Peler la poire et la couper en morceaux. Émietter le roquefort.

2. Mélanger la farine et la levure. Ajouter le lait, l'huile et les œufs. Mélanger sans trop travailler la pâte. Ajouter le roquefort et la poire. Saler et poivrer.

3. Verser dans le moule huilé et faire cuire 45 minutes. Vérifier la cuisson avec une pique en bois. Laisser tiédir avant de démouler.

POUR 6 PERSONNES - PRÉPARATION 20 MINUTES - CUISSON 40 MINUTES

CAKE COURGETTE & PESTO

- 3 œufs
- 200 g de farine
- 1 sachet de levure chimique
- 60 g de pesto
- 300 g de courgettes
- Sel, poivre

1. Préchauffer le four à 200 °C. Laver et râper les courgettes à l'aide d'une râpe à fromage.

2. Mélanger la farine et la levure. Ajouter les œufs battus, les courgettes râpées, le pesto, du sel et du poivre.

3. Verser dans un moule à cake chemisé de papier cuisson.

4. Enfourner 40 minutes. Démouler le cake tiède et l'envelopper dans du film alimentaire pour éviter qu'il ne se dessèche.

POUR 6 PERSONNES - PRÉPARATION 10 MINUTES - CUISSON 40 MINUTES

CAKE TOMATES & PARMESAN

- 200 g de farine
- 1 sachet de levure chimique
- 100 g de parmesan râpé
- 150 ml de lait
- 3 œufs
- 200 g de tomates séchées à l'huile
- Sel, poivre

1. Préchauffer le four à 180 °C. Mélanger la farine, la levure, du sel, du poivre et le parmesan râpé. Incorporer les œufs et le lait. Ajouter les tomates avec leur huile, mélanger.

2. Verser dans un moule à cake tapissé de papier cuisson. Enfourner 40 minutes.

3. Laisser tiédir, démouler et envelopper dans du film alimentaire pour éviter que le cake ne se dessèche.

POUR 6 PERSONNES - PRÉPARATION 15 MINUTES - CUISSON 30 MINUTES

CAKE MIMOLETTE

- 150 g de farine
- 1 sachet de levure chimique
- 3 œufs
- 250 g de mimolette
- 150 ml de lait
- Sel, poivre

1. Préchauffer le four à 200 °C. Râper la moitié de la mimolette. Mélanger la farine, la levure et la mimolette râpée. Ajouter le lait, les œufs battus, du sel et du poivre, bien mélanger.

2. Verser dans un moule à cake chemisé de papier cuisson. Parsemer le reste de mimolette coupée en cubes.

3. Enfourner 30 minutes. Démouler le cake tiède et l'envelopper dans du film alimentaire.

POUR 8 PERSONNES - PRÉPARATION 25 MINUTES - CUISSON 1 HEURE - REPOS 1 HEURE

CAKE QUINOA & TAPENADE

- 150 g de quinoa
- 200 g de tapenade
- 100 g de parmesan
- 200 ml de lait
- 4 œufs
- 300 g de farine
- Poivre

1. Préchauffer four à 200 °C. Faire cuire le quinoa 10 minutes dans de l'eau bouillante salée.

2. Mélanger le lait, les œufs, la tapenade, le parmesan, poivrer. Incorporer le quinoa et la farine.

3. Verser dans un moule à cake recouvert de papier cuisson et faire cuire 1 heure. Laisser refroidir 1 heure avant de démouler.

POUR 6 PERSONNES - PRÉPARATION 15 MINUTES - CUISSON 1 HEURE

CAKE AUX GRAINES

- 250 g de farine
- 1 sachet de levure chimique
- 50 g de graines de sésame
- 400 ml de préparation crémeuse à l'amande
- 100 g de graines de tournesol
- 4 cuillerées à soupe d'huile d'olive
- Sel, poivre

1. Préchauffer le four à 200 °C. Mixer les graines de tournesol.

2. Mélanger la farine, la levure, les graines de sésame, les graines de tournesol mixées, 2 pincées de sel et de poivre. Incorporer la préparation crémeuse à l'amande et l'huile d'olive.

3. Verser dans un moule à cake beurré et fariné. Enfourner 1 heure puis couvrir le moule de film alimentaire et laisser refroidir avant de démouler.

POUR 6 PERSONNES - PRÉPARATION 10 MINUTES - CUISSON 1 H 30

CAKE POTIMARRON

- 200 g de potimarron
- 200 g de farine
- 50 ml d'huile d'olive
- 2 pincées de noix de muscade
- 1 sachet de levure chimique
- 250 ml de lait de coco
- Sel, poivre

1. Laver et couper le potimarron en deux, retirer les graines et le râper avec la peau.

2. Préchauffer le four à 180 °C. Mélanger la farine et la levure. Incorporer le lait de coco, le potimarron râpé, la muscade, l'huile d'olive, 2 pincées de sel et de poivre moulu.

3. Verser dans un moule à cake beurré et fariné. Enfourner 1 h 30 puis couvrir le moule de film alimentaire. Laisser refroidir avant de démouler.

POUR 6 PERSONNES - PRÉPARATION 10 MINUTES - CUISSON 45 MINUTES

CAKE CÉLERI & NOISETTES

- 250 g de céleri-rave
- 250 g de farine
- 100 g de poudre de noisettes
- 4 cuillerées à soupe d'huile d'olive
- 150 ml de préparation crémeuse au soja
- 1 sachet de levure chimique
- Sel, poivre

1. Peler le céleri-rave, le râper.

2. Préchauffer le four à 180 °C. Mélanger la farine et la levure. Incorporer la poudre de noisettes, la préparation crémeuse au soja, le céleri râpé, l'huile d'olive, 2 pincées de sel et de poivre moulu.

3. Verser dans un moule à cake beurré et fariné. Enfourner 45 minutes puis couvrir le moule de film alimentaire et laisser refroidir avant de démouler.

POUR 6 PERSONNES - PRÉPARATION 40 MINUTES - CUISSON 20 MINUTES

PISSALADIÈRE

- 1 pâte à pizza
- 1 kg d'oignons jaunes
- 1 cuillerée à café de sucre
- 12 olives noires
- 4 anchois au sel
- 6 cuillerées à soupe d'huile d'olive
- Sel, poivre

1. Éplucher et émincer les oignons. Les faire fondre 15 minutes à couvert sur feu doux avec 2 cuillerées à soupe d'huile d'olive. Enlever le couvercle, saler, poivrer, ajouter le sucre et laisser cuire en remuant pour les caraméliser.

2. Préchauffer le four à 210 °C.

3. Étaler la pâte sur une plaque couverte de papier cuisson, couvrir d'oignons, poser les olives et les filets d'anchois nettoyés et rincés, arroser du reste d'huile.

4. Enfourner 20 minutes.

POUR 6 PERSONNES - PRÉPARATION 15 MINUTES - CUISSON 10 MINUTES

SOCCA OIGNONS

- 160 g de farine de pois chiches
- 2 oignons nouveaux
- 4 brins de persil
- 20 g de pignons de pin
- 4 cuillerées à soupe d'huile d'olive
- 250 ml d'eau tiède
- Sel, poivre

1. Préchauffer le four à 240 °C. Mélanger la farine avec 2 cuillerées d'huile d'olive, 250 ml d'eau tiède, 2 pincées de sel et de poivre moulu, sans laisser de grumeaux.

2. Éplucher et émincer les oignons, et les faire revenir 5 minutes dans l'huile restante avec les pignons.

3. Mettre les oignons et le persil ciselé dans un plat à gratin garni de papier cuisson. Ajouter la pâte, mélanger et enfourner 10 minutes. Servir chaud ou tiède.

POUR 6 PERSONNES - PRÉPARATION 30 MINUTES - CUISSON 25 MINUTES

TATIN D'ÉCHALOTE

- 1 pâte feuilletée
- 700 g de échalotes
- 60 g de sucre
- 2 cuillerées à soupe d'huile d'olive
- Sel, poivre

1. Éplucher les échalotes et les couper en deux. Les faire revenir 3 minutes dans l'huile puis couvrir d'eau à hauteur. Cuire jusqu'à évaporation.

2. Préchauffer le four à 180 °C. Faire caraméliser le sucre sur feu doux. Verser le caramel dans un moule de 26 cm de diamètre recouvert de papier cuisson. Répartir les échalotes, saler et poivrer. Couvrir avec la pâte, rentrer les bords.

3. Enfourner 25 minutes. Démouler encore chaud et servir.

POUR 6 PERSONNES - PRÉPARATION 30 MINUTES - CUISSON 30 MINUTES

TATIN D'ENDIVE

- 1 pâte feuilletée
- 5 endives
- 10 g de beurre
- 1 cuillerée à soupe de miel au choix
- 1 orange
- 50 g de comté râpé

1. Rincer et couper les endives en deux. Faire fondre le beurre dans une poêle, déposer les endives à plat et cuire 10 minutes. Assaisonner, verser le jus de l'orange et laisser cuire jusqu'à évaporation.

2. Préchauffer le four à 180 °C. Recouvrir un moule de 20 cm de diamètre de papier cuisson.

3. Déposer les endives au fond du moule, parsemer de zeste d'orange et de comté. Étaler le miel, couvrir avec de la pâte et rentrer les bords.

4. Enfourner 30 minutes. Démouler encore chaud.

POUR 6 PERSONNES - PRÉPARATION 20 MINUTES - CUISSON 30 MINUTES

TATIN DE TOMATE

- 1 pâte feuilletée
- 500 g de tomates cerises
- 50 g de parmesan râpé
- 4 cuillerées à soupe de vinaigre balsamique
- 4 cuillerées à soupe d'huile d'olive
- 1 cuillerée à café de thym
- Poivre

1. Préchauffer le four à 180 °C. Chauffer l'huile dans une poêle sur feu moyen, y cuire les tomates pendant 10 minutes en remuant régulièrement. Ajouter le thym, du sel, du poivre et le vinaigre balsamique. Laisser réduire 5 minutes.

2. Verser les tomates dans un moule de 20 cm de diamètre recouvert de papier cuisson. Saupoudrer de parmesan. Couvrir avec la pâte feuilletée, rentrer les bords.

3. Enfourner 30 minutes. Démouler encore chaud et servir.

POUR 6 PERSONNES - PRÉPARATION 30 MINUTES - CUISSON 40 MINUTES

QUICHE ENDIVES & BLEU

- 1 pâte brisée
- 3 endives
- 2 cuillerées à soupe de cassonade
- 300 ml de crème liquide entière
- 100 g de fromage bleu
- 2 œufs
- Sel, poivre

1. Préchauffer le four à 200 °C. Mettre la pâte dans un moule à tarte recouvert de papier cuisson, piquer le fond et enfourner 10 minutes.

2. Rincer et couper les endives en quatre, ôter le cœur dur. Laisser cuire dans une poêle 20 minutes avec 4 cuillerées à soupe d'eau et la cassonade.

3. Mélanger les œufs, la crème et le fromage bleu en morceaux. Saler et poivrer. Verser la garniture sur la pâte, ajouter les endives et enfourner 30 minutes.

POUR 6 PERSONNES - PRÉPARATION 10 MINUTES - REPOS 10 MINUTES - CUISSON 1 H 15

QUICHE LORRAINE

- 1 pâte brisée
- 600 ml de crème liquide entière
- 6 œufs
- 200 g de lardons
- Sel, poivre

1. Préchauffer le four à 180 °C. Dérouler la pâte dans un moule recouvert de papier cuisson. Le placer 10 minutes au congélateur. Le garnir de papier cuisson et de légumes secs puis enfourner 15 minutes.

2. Griller les lardons dans une poêle sur feu fort. Les égoutter.

3. Mélanger les œufs, la crème, du sel et du poivre. Verser sur la pâte avec les lardons. Enfourner 1 heure, couvert de papier cuisson. Découvrir les 15 dernières minutes.

POUR 6 PERSONNES - PRÉPARATION 20 MINUTES - CUISSON 30 MINUTES

TARTE FINE COURGETTE & COMTÉ

- 1 pâte feuilletée rectangulaire
- 3 courgettes
- 100 g de comté râpé
- 2 cuillerées à soupe d'huile d'olive
- 1 cuillerée à café de thym
- Sel, poivre

1 Préchauffer le four à 180 °C. Étaler la pâte sur une plaque recouverte de papier cuisson. Parsemer de fromage râpé, saler et poivrer.

2 Laver les courgettes, les détailler en fines lamelles avec une mandoline ou un économe. Les répartir sur la pâte. Saupoudrer de thym et arroser d'huile d'olive.

3 Couvrir de papier cuisson et poser une plaque dessus. Enfourner 30 minutes. Découvrir les 10 dernières minutes.

POUR 6 PERSONNES - PRÉPARATION 20 MINUTES - CUISSON 30 MINUTES

TARTE RUSTIQUE ITALIA

- 250 g de farine
- 60 ml d'huile d'olive
- 120 ml d'eau
- 1 cuillerée à soupe de thym séché
- 250 g de mozzarella
- 250 g de ricotta
- 250 g de tomates cerises
- Sel, poivre

1. Préchauffer le four à 180 °C. Mélanger la farine et l'huile d'olive du bout des doigts avec 120 ml d'eau, la moitié du thym et 1 pincée de sel.

2. Étaler la pâte sur 5 mm, détailler un disque de 30 cm de diamètre. Le déposer sur une plaque recouverte de papier cuisson.

3. Étaler la ricotta en laissant un bord de 2 cm. Ajouter la mozzarella en morceaux et les tomates. Saler et poivrer, saupoudrer le thym restant. Replier les bords de la pâte vers l'intérieur. Enfourner 30 minutes.

POUR 1 PERSONNE - PRÉPARATION 10 MINUTES

TRÉVISE, BETTERAVE, FIGUE & CHÈVRE

- 1 petite boule de trévise
- 100 g de pois chiches en conserve
- ½ betterave cuite
- 50 g de fromage de chèvre, type picodon
- 3 figues
- 4 cuillerées à soupe de vinaigrette moutarde (page 189)

1. Égoutter les pois chiches. Laver et déchirer la salade. Couper le fromage de chèvre et la betterave en lamelles. Laver et couper les figues en quartiers.

2. Disposer les éléments dans la lunchbox. Ajouter le persil plat de la vinaigrette sur la salade et dans la vinaigrette. Verser la vinaigrette avant de servir.

3. On peut compléter avec des crackers, du pain ou un dessert.

POUR 1 PERSONNE - PRÉPARATION 5 MINUTES

ENDIVE, ROQUEFORT & POIRE

- 3 endives
- 50 g de roquefort
- 1 poire
- 60 g de mélange de fruits secs
- 50 g de pain de campagne
- 4 cuillerées à soupe de vinaigrette de xérès (page 188)

1. Nettoyer et couper les endives et les disposer dans la lunchbox. Laver la poire.

2. Ciseler l'échalote et la ciboulette de la vinaigrette, ajouter sur les endives et dans la vinaigrette. Disposer les autres éléments dans des compartiments séparés de la lunchbox.

3. La poire peut se manger avec la salade ou en dessert.

POUR 1 PERSONNE - PRÉPARATION 10 MINUTES

ROMAINE, TOMATE & POIS CHICHE

- 200 g de tomates cerises
- 100 g de pois chiches en conserve
- 50 g de feta
- 1 cœur de romaine
- 4 cuillerées à soupe de vinaigrette de xérès (page 188)

1. Laver et couper les tomates en deux. Mélanger avec les pois chiches. Laver et couper grossièrement les feuilles de romaine.

2. Disposer le tout dans la lunchbox. Émietter la feta. Ajouter de la ciboulette ciselée sur la salade.

3. Servir la salade avec la vinaigrette. Compléter avec un fruit de saison au choix.

POUR 1 PERSONNE - PRÉPARATION 10 MINUTES

HOUMOUS, SALADE, BETTERAVE & TOFU

- 2 sucrines
- 1 poignée de radis
- 100 g de tofu au choix
- ½ betterave cuite
- 3 cuillerées à soupe de houmous (nature ou à la betterave)
- 4 cuillerées à soupe de sauce tahini (page 186)

1. Détacher et laver les feuilles des sucrines. Éplucher et couper les radis en fines lamelles. Couper la betterave et le tofu en cubes.
2. Disposer les éléments dans la lunchbox. Réserver à part le houmous et la sauce tahini.
3. Compléter avec un fruit de saison et un dessert.

POUR 1 PERSONNE - PRÉPARATION 15 MINUTES - CUISSON 9 MINUTES

PÂTES AU PESTO, COURGETTE & TOMATE

- 100 g de fusillis complets
- 3 cuillerées à soupe de pesto
- 1 petite courgette
- 30 g de parmesan
- 100 g de tomates cerises
- ¼ de melon

1. Laver et couper la courgette en fines lamelles à l'aide d'une mandoline ou d'un économe.

2. Cuire les pâtes al dente selon les instructions du paquet. Garder 50 ml d'eau de cuisson. Égoutter sans insister et mélanger avec 2 cuillerées à soupe de pesto. Goûter, rectifier en pesto ou en ajoutant un peu d'eau de cuisson.

3. Disposer les pâtes dans la lunchbox. Ranger le parmesan coupé en petits morceaux, le melon en quartiers ou en cubes, les courgettes et les tomates cerises dans des compartiments séparés.

4. On peut ajouter un peu de pesto sur les courgettes.

POUR 1 PERSONNE - PRÉPARATION 15 MINUTES - CUISSON 5 MINUTES

HARICOTS, FENOUIL & FIGUE

- 120 g de haricots blancs en conserve
- 150 g de haricots verts
- ½ petit fenouil
- 3 figues
- 4 cuillerées à soupe de vinaigrette balsamique (page 188)
- 60 g de mélange de fruits secs

1. Laver, équeuter et couper les haricots verts en trois. Cuire 5 minutes dans de l'eau bouillante salée. Égoutter. Rincer et égoutter les haricots blancs. Mélanger avec les haricots verts.

2. Laver le fenouil et les figues. Émincer le fenouil finement. Le mélanger avec les figues coupées en quartiers.

3. Disposer dans la lunchbox la salade de haricots d'une part et le fenouil mélangé aux figues de l'autre. Parsemer de basilic. Servir avec la vinaigrette et les fruits secs.

POUR 1 PERSONNE - PRÉPARATION 10 MINUTES

RIZ, HARICOT ROUGE & GUACAMOLE

- 40 g de mélange de riz cuit
- 100 g de haricots rouges en conserve
- 1 carotte
- 1 sucrine
- 4 cuillerées à soupe de vinaigrette citron (page 189)
- 4 cuillerées à soupe de guacamole

1. Cuire le riz dans de l'eau bouillante salée selon les instructions du paquet. Égoutter et laisser refroidir. Rincer et égoutter les haricots rouges. Mélanger avec le riz.

2. Éplucher la carotte, la couper en fines lamelles avec un économe ou une mandoline. Nettoyer et effeuiller la sucrine.

3. Disposer les éléments séparément dans la lunchbox. Ajouter le guacamole. Servir avec la vinaigrette. Compléter avec un dessert ou un fruit de saison.

POUR 1 PERSONNE - PRÉPARATION 10 MINUTES - CUISSON 5 MINUTES

OMELETTE ROULÉE AU JAMBON & SALADE

- 2 œufs
- 1 tranche de jambon
- 2 poignées de mesclun
- 40 g de comté
- 1 cuillerée à café d'huile végétale
- 4 cuillerées à soupe de vinaigrette moutarde (page 189)

1. Casser les œufs dans un bol. Assaisonner et battre à la fourchette.

2. Chauffer l'huile sur feu moyen dans une poêle antiadhésive. Verser les œufs. Lorsqu'ils commencent à coaguler, poser la tranche de jambon. Laisser cuire 1 minute pour pouvoir décoller les bords, puis rouler doucement l'omelette. Laisser refroidir.

3. Couper l'omelette en rondelles. Couper le comté.

4. Disposer les éléments séparément dans la lunchbox. Servir avec la vinaigrette et du pain. Compléter avec un fruit de saison.

POUR 1 PERSONNE - PRÉPARATION 5 MINUTES - CUISSON 15 MINUTES

JAMBON, HARICOT & QUINOA

- 50 g de quinoa tricolore
- 150 g de haricots verts
- 80 g de chiffonnade de jambon
- 4 cuillerées à soupe de vinaigrette moutarde (page 189)

1. Laver et équeuter les haricots, les couper en deux. Cuire les haricots dans de l'eau bouillante salée 5 minutes environ. Les retirer avec une écumoire.

2. Verser le quinoa et cuire selon les instructions du paquet environ 15 minutes. Égoutter et laisser refroidir.

3. Disposer les éléments séparément dans la lunchbox. Parsemer de persil. Servir avec la vinaigrette. Prévoir de la compote et du granola, ou un laitage et un fruit de saison.

POUR 1 PERSONNE - PRÉPARATION 15 MINUTES - CUISSON 5 MINUTES - REPOS 5 MINUTES

SPAGHETTIS, POULET & CRUDITÉS

- 150 g de spaghettis frais
- 100 g de blanc de poulet
- ⅓ de concombre
- 1 poignée de mesclun
- 5 cuillerées à soupe de sauce cacahuète (page 189)

1. Cuire le blanc de poulet 3 minutes dans de l'eau bouillante salée. Couvrir, éteindre le feu et laisser reposer 5 minutes.
2. Cuire les spaghettis. Égoutter, rincer à l'eau froide, égoutter de nouveau.
3. Égoutter le poulet, laisser tiédir avant de l'effilocher. Laver et couper le concombre en lamelles fines avec une mandoline.
4. Disposer les éléments séparément dans la lunchbox. Servir avec la sauce. Compléter avec un fruit ou un dessert au choix.

POUR 1 PERSONNE - PRÉPARATION 10 MINUTES

POMME DE TERRE, MAQUEREAU & FENOUIL

- 3 pommes de terre cuites
- ½ fenouil
- 80 g de filet de maquereau fumé au poivre
- 1 pomme
- 4 cuillerées à soupe de vinaigrette moutarde (page 189)

1. Laver et émincer le fenouil. Laver la pomme.
2. Disposer les éléments séparément dans la lunchbox. Effilocher ou non la chair du maquereau.
3. Servir avec la vinaigrette et la pomme. Prévoir un laitage et une collation.

POUR 1 PERSONNE - PRÉPARATION 5 MINUTES

THON, HARICOT, TOMATE & ROQUETTE

- 150 g de haricots blancs en conserve
- 200 g de tomates cerises
- 1 grosse poignée de roquette
- 80 à 100 g de thon blanc au naturel
- 4 cuillerées à soupe de vinaigrette de xérès (page 188)

1. Rincer et égoutter les haricots blancs. Laver et couper les tomates cerises en deux. Rincer la roquette. Égoutter le thon.

2. Disposer les éléments séparément dans la lunchbox. Servir avec la vinaigrette.

3. Prévoir une crème dessert ou un autre dessert au choix.

POUR 1 PERSONNE - PRÉPARATION 10 MINUTES

RIZ, THON & MAÏS

- 40 g de riz complet cuit
- 150 g de maïs en conserve
- 100 g de tomates cerises
- 80 à 100 g de thon blanc au naturel
- 1 à 2 endives
- 4 cuillerées à soupe de vinaigrette moutarde (page 189)

1. Égoutter le maïs et le thon. Les mélanger avec le riz. Laver et couper les tomates cerises en deux. Laver et couper les endives.
2. Disposer la salade de riz et les autres éléments dans la lunchbox. Servir avec la vinaigrette.
3. Prévoir un fruit ou un laitage.

POUR 1 SALADE - PRÉPARATION 5 MINUTES

SAUCE TAHINI

- 3 cuillerées à soupe de sauce soja sucrée
- ½ citron
- Quelques brins de coriandre
- 2 cuillerées à soupe de tahini
- 1 gousse d'ail
- 2 cuillerées à soupe d'huile d'olive

1. Presser le citron. Éplucher et presser l'ail. Effeuiller et rincer la coriandre.
2. Mélanger tous les ingrédients sauf la coriandre. Délayer le tahini avec 2 cuillerées à soupe d'eau chaude.
3. La coriandre est à ajouter dans la sauce et sur la salade au moment de monter sa lunchbox.

POUR 1 SALADE - PRÉPARATION 5 MINUTES

SAUCE CACAHUÈTE

- 3 cuillerées à soupe de sauce soja sucrée
- ½ citron
- Quelques brins de coriandre
- 2 cuillerées à soupe de beurre de cacahuète
- 1 gousse d'ail
- 10 g de gingembre

1. Presser le citron. Éplucher et presser l'ail. Éplucher et râper le gingembre. Effeuiller, rincer et ciseler la coriandre.

2. Mélanger tous les ingrédients sauf la coriandre. Délayer le beurre de cacahuète avec 2 cuillerées à soupe d'eau chaude.

3. La coriandre est à ajouter dans la sauce et sur la salade au moment de monter sa lunchbox.

POUR 1 SALADE - PRÉPARATION 5 MINUTES

VINAIGRETTE BALSAMIQUE

- 2 cuillerées à soupe de tahini
- 1 citron vert
- 1 cuillerée à soupe de sauce soja
- 3 cuillerées à soupe d'eau chaude
- Sel, poivre

1. Éplucher et presser l'ail. Effeuiller et rincer le basilic.
2. Mélanger tous les ingrédients dans un bol, sauf le basilic. Assaisonner, verser dans un bocal et conserver au frais toute la semaine.
3. Au moment de monter sa lunchbox, répartir le basilic dans la salade et en mettre un peu dans la vinaigrette.

POUR 1 SALADE - PRÉPARATION 5 MINUTES

VINAIGRETTE DE XÉRÈS

- 6 cuillerées à soupe d'huile d'olive
- 4 cuillerées à soupe de vinaigre de xérès
- 1 petite échalote
- ½ botte de ciboulette
- 1 pincée de sel

1. Effeuiller, rincer et ciseler le persil.
2. Mélanger tous les ingrédients dans un bol, sauf le persil. Assaisonner, verser dans un bocal et conserver au frais toute la semaine.
3. Au moment de monter sa lunchbox, répartir le persil dans la salade et en mettre un peu dans la vinaigrette.

POUR 1 SALADE - PRÉPARATION 5 MINUTES

VINAIGRETTE CITRON

- 1 citron
- 6 cuillerées à soupe d'huile d'olive
- 1 cuillerée à soupe de sirop d'érable
- ½ cuillerée à café de piment d'Espelette
- 1 pincée de sel

1. Presser le citron.
2. Mélanger tous les ingrédients dans un bol. Assaisonner, verser dans un bocal et conserver au frais toute la semaine.

POUR 1 SALADE - PRÉPARATION 5 MINUTES

VINAIGRETTE MOUTARDE

- 6 cuillerées à soupe d'huile d'olive
- 4 cuillerées à soupe de vinaigre de vin rouge
- 1 cuillerée à café de moutarde
- 4 brins de persil
- 1 pincée de sel

1. Effeuiller, rincer et ciseler le persil.
2. Mélanger tous les ingrédients dans un bol, sauf le persil. Assaisonner, verser dans un bocal et conserver au frais toute la semaine.
3. Au moment de monter sa lunchbox, répartir le persil dans la salade et en mettre un peu dans la vinaigrette.

POUR 6 PERSONNES - PRÉPARATION 10 MINUTES - CUISSON 15 MINUTES

CARBONARA

- 500 g de spaghettis
- 250 g de lardons fumés
- 6 œufs
- 60 g de parmesan
- Sel, poivre

1. Battre les œufs avec le parmesan râpé. Assaisonner.

2. Faire cuire les spaghettis le temps indiqué sur le paquet. Égoutter les pâtes en conservant un tout petit fond d'eau.

3. Faire revenir les lardons dans une casserole. Y remettre les pâtes et le mélange œufs-parmesan. Remuer sans arrêt, à feu éteint, avec une cuillère en bois, jusqu'à ce que le mélange soit homogène. Servir aussitôt.

POUR 4 PERSONNES - PRÉPARATION 5 MINUTES - CUISSON 15 MINUTES

PÂTES À L'AIL

- 250 g de spaghettis
- 5 gousses d'ail
- 60 ml d'huile d'olive
- 1 bonne pincée de piment en flocons
- Sel

1. Cuire les pâtes comme indiqué sur le paquet. Les égoutter en gardant 1 louche d'eau de cuisson.

2. Éplucher et émincer l'ail. Chauffer l'huile dans une poêle sur feu moyen. Ajouter le piment, remuer, puis ajouter l'ail. Lorsqu'il commence à dorer, baisser le feu et laisser infuser 1 minute. L'ail ne doit pas être grillé.

3. Ajouter les pâtes cuites et égouttées dans la poêle avec 1 louche d'eau de cuisson réservée. Bien remuer et servir.

POUR 4 PERSONNES - PRÉPARATION 15 MINUTES - CUISSON 20 MINUTES

AIL & COURGETTE

- 400 g de spaghettis
- 1 courgette
- 3 gousses d'ail
- 1 piment rouge
- 1 cuillerée à soupe de persil ciselé
- 1 filet d'huile d'olive
- Sel

1. Laver et épépiner le piment, peler et émincer l'ail ; les réduire en purée à l'aide d'un pilon. Laver et couper la courgette en dés.

2. Cuire les pâtes comme indiqué sur le paquet.

3. Faire revenir les courgettes dans une sauteuse avec l'huile. Au bout de 4 minutes, ajouter la purée ail-piment, puis les spaghettis égouttés. Saupoudrer de persil et servir.

POUR 4 PERSONNES - PRÉPARATION 15 MINUTES - REPOS 20 MINUTES - CUISSON 20 MINUTES

AUBERGINE & TOMATE

- 400 g de rigatonis
- 1 grosse d'aubergine
- 70 g de farine
- 1 oignon
- 800 g de tomates concassées
- 350 g de ricotta
- Huile d'olive
- Sel, poivre

1. Laver et couper l'aubergine en dés. Les mettre dans une passoire, saler, placer un poids dessus. Laisser dégorger 20 minutes.

2. Cuire les pâtes dans un grand volume d'eau salée le temps indiqué sur le paquet. Les rincer et les égoutter. Réserver.

3. Fariner les dés d'aubergine et les frire 1 à 2 minutes dans 4 cuillerées à soupe d'huile.

4. Éplucher et émincer l'oignon, le faire revenir dans une poêle avec un filet d'huile d'olive. Ajouter les tomates concassées et laisser mijoter 15 minutes, à feu doux. Ajouter les dés d'aubergine, la ricotta et les pâtes. Rectifier l'assaisonnement et servir aussitôt.

POUR 4 PERSONNES - PRÉPARATION 15 MINUTES - CUISSON 20 MINUTES

CHAMPIGNONS & CRÈME

- 400 g de fettucines ou pappardelles
- 500 g de champignons de Paris
- 1 gousse d'ail
- 2 cuillerées à soupe de persil ciselé
- 100 ml de crème liquide
- 1 filet d'huile d'olive

1. Nettoyer et émincer les champignons. Éplucher et émincer l'ail. Faire revenir les champignons dans l'huile, puis ajouter l'ail et le persil. Ajouter la crème liquide et laisser réduire 8 minutes.

2. Cuire les pâtes comme indiqué sur le paquet. Les égoutter en gardant 3 cuillerées à soupe d'eau de cuisson.

3. Mélanger les pâtes avec les champignons et servir aussitôt.

POUR 4 PERSONNES - PRÉPARATION 5 MINUTES - CUISSON 20 MINUTES

THON & TOMATE

- 250 g de pipe rigate
- 250 g de coulis de tomates
- 300 g de thon à l'huile d'olive
- 12 feuilles de basilic
- 1 oignon
- Sel, poivre

1. Éplucher et émincer l'oignon. Rincer et ciseler le basilic, réserver quelques feuilles.
2. Placer tous les ingrédients dans une casserole. Ajouter 750 ml d'eau, 1 cuillerée à café de sel et 2 pincées de poivre moulu.
3. Laisser cuire 15 à 20 minutes sur feu moyen en remuant régulièrement. Il doit rester 2 cm de liquide au fond de la casserole.
4. Attendre 5 minutes, remuer et servir avec le reste de basilic ciselé.

POUR 4 PERSONNES - PRÉPARATION 10 MINUTES - CUISSON 15 MINUTES

PUTTANESCA

- 300 g de penne
- 800 g de tomates pelées
- 4 filets d'anchois
- 50 g d'olives noires dénoyautées
- 3 gousses d'ail
- 2 cuillerées à soupe d'huile d'olive
- Sel

1. Peler et émincer l'ail finement. Dans une casserole, faire chauffer l'huile d'olive et faire revenir l'ail et les filets d'anchois jusqu'à ce qu'ils fondent.

2. Ajouter tous les autres ingrédients, saler et si nécessaire ajouter assez d'eau pour couvrir les pâtes.

3. Porter à ébullition, couvrir et faire cuire à feu moyen pendant 15 minutes. Mélanger de temps en temps.

POUR 4 PERSONNES - PRÉPARATION 10 MINUTES - CUISSON 20 MINUTES

LARDONS & OIGNON

- 350 g de penne
- 200 g de lardons fumés
- 1 oignon
- 300 g de crème fraîche
- 1 petite botte de ciboulette
- Sel

1. Éplucher et émincer l'oignon. Rincer et ciseler la ciboulette.
2. Placer tous les ingrédients dans une casserole. Ajouter 1 litre d'eau et 1 cuillerée à café de sel.
3. Laisser cuire 15 à 20 minutes sur feu moyen en remuant régulièrement. Il doit rester 2 cm de liquide au fond de la casserole.
4. Attendre 5 minutes, remuer et servir.

POUR 4 PERSONNES - PRÉPARATION 20 MINUTES - CUISSON 20 MINUTES

TOMATE

- 400 g de spaghettis
- 10 tomates
- 1 oignon
- 2 gousses d'ail
- 2 ou 3 brins de thym
- 1 filet d'huile d'olive
- Sel, poivre

1. Rincer, éplucher et couper les tomates en petits morceaux. Éplucher et couper l'ail en deux. Éplucher et couper l'oignon en petits morceaux.

2. Dans une casserole, à feu moyen, verser l'huile d'olive, l'oignon et l'ail. Faire revenir quelques minutes. Ajouter les tomates et les brins de thym. Laisser mijoter à feu moyen 12 à 15 minutes. Saler et poivrer.

3. Faire cuire les pâtes, les mélanger avec la sauce et servir.

POUR 4 PERSONNES - PRÉPARATION 20 MINUTES

TOMATE CERISE

- 400 g de fusillis
- 2 échalotes
- 4 brins de persil
- 40 tomates cerises (280 g)
- 1 filet d'huile d'olive
- Sel, poivre

1. Éplucher et couper les échalotes en fines lamelles. Rincer et ciseler le persil. Rincer et couper les tomates cerises en quatre.
2. Dans un bol, mettre les tomates et les presser avec les mains pour faire sortir le jus. Ajouter le persil, les échalotes, l'huile d'olive, du sel et du poivre. Bien mélanger.
3. Faire cuire les fusillis et les mélanger avec les tomates cerises au persil avant de servir.

POUR 4 PERSONNES - PRÉPARATION 10 MINUTES - CUISSON 15 MINUTES

PETIT POIS & MOZZARELLA

- 400 g de ruote
- 250 g de mozzarella
- 190 g de petits pois surgelés
- 100 g de beurre
- 4 brins d'estragon
- Sel, poivre

1. Rincer et hacher grossièrement l'estragon. Couper la mozzarella en gros morceaux.

2. Cuire les petits pois selon les instructions de l'emballage et égoutter.

3. Cuire les pâtes selon les instructions du paquet.

4. Dans une casserole, à feu doux, faire fondre le beurre coupé en tranches. Quand il devient noisette, mettre la casserole hors du feu et ajouter les petits pois.

5. Verser les petits pois au beurre sur les pâtes. Ajouter la mozzarella. Saler et poivrer. Parsemer l'estragon.

POUR 4 PERSONNES - PRÉPARATION 5 MINUTES - CUISSON 15 MINUTES

BROCOLI & PETIT POIS

- 400 g de macaronis
- 350 g de brocoli
- 150 g de petits pois surgelés
- 3 jaunes d'œufs
- 35 g de gruyère râpé
- Sel, poivre

1. Rincer et couper le brocoli en bouquets. Porter 1 litre d'eau salée à ébullition, cuire les brocolis et les petits pois 5 minutes, puis égoutter.

2. Faire cuire les pâtes comme indiqué sur le paquet.

3. Dans un plat, mélanger les pâtes encore chaudes avec les brocolis et les petits pois.

4. Verser les jaunes d'œufs et mélanger délicatement. Ajouter le gruyère râpé. Saler et poivrer.

POUR 4 PERSONNES - PRÉPARATION 10 MINUTES - CUISSON 25 MINUTES

FONDUE DE POIREAU

- 400 g de spaghettis
- 250 g de poireaux
- 2 gousses d'ail
- 4 brins de thym
- 200 ml de crème épaisse
- 100 ml de bière blonde
- Sel, poivre

1. Rincer et couper finement les poireaux. Éplucher et émincer l'ail.
2. Dans une casserole, à feu moyen, verser les poireaux et la bière. Remuer 5 minutes. Ajouter l'ail et le thym et cuire 10 minutes.
3. Faire cuire les pâtes comme indiqué sur le paquet.
4. Avant de servir, verser la crème fraîche sur les poireaux et laisser mijoter à feu doux quelques minutes. Saler et poivrer. Mélanger la sauce avec les pâtes et servir.

POUR 4 PERSONNES - PRÉPARATION 10 MINUTES - CUISSON 25 MINUTES

THON, KETCHUP & BASILIC

- 400 g de spaghettis
- 10 tomates
- 2 boîtes de thon
- 50 ml de crème liquide
- 70 ml de ketchup
- 20 feuilles de basilic
- Sel, poivre

1. Rincer, éplucher avec un couteau et couper les tomates en petits morceaux. Rincer le basilic, garder quelques feuilles entières et ciseler le reste.

2. Dans une casserole, à feu moyen, verser les dés de tomate, la crème liquide, le basilic et mélanger. Ajouter le thon émietté et le ketchup. Laisser mijoter 12 à 15 minutes.

3. Faire cuire les pâtes comme indiqué sur le paquet.

4. Mélanger la sauce avec les pâtes. Saler, poivrer et parsemer les feuilles de basilic.

S

POUR 4 PERSONNES - PRÉPARATION 10 MINUTES - CUISSON 25 MINUTES

BOLOGNAISE

- 300 g de bœuf haché
- 100 g de lardons fumés
- 100 ml de vin rouge
- 200 ml de bouillon au choix
- 1 oignon
- 500 g de purée de tomates

1. Éplucher et couper l'oignon en petits dés. Le faire revenir avec les lardons dans une poêle.

2. Ajouter la viande et laisser colorer en mélangeant régulièrement.

3. Verser le vin rouge et, dès qu'il s'est évaporé, ajouter la purée de tomates. Ajouter 150 ml de bouillon et assaisonner. Cuire à feu doux pendant 20 minutes au minimum, à couvert.

4. Servir avec des spaghettis ou des tagliatelles.

POUR 4 PERSONNES - PRÉPARATION 10 MINUTES - CUISSON 35 MINUTES

BOLO CHIPO

- 500 g de chipolatas
- 1 carotte
- 1 branche de céleri
- 2 oignons
- 2 gousses d'ail
- 1 branche de romarin ou 2 brins de thym
- 300 ml de coulis de tomates ou passata
- 2 cuillerées à soupe d'huile d'olive
- Sel

1. Nettoyer et peler la carotte, le céleri, les oignons et l'ail, les couper en petits dés. Hacher le romarin.

2. Faire dorer l'ail avec la moitié de l'huile dans une poêle sur feu moyen. Ajouter les oignons, la carotte, le céleri, le romarin et un peu de sel. Faire revenir pendant 10 minutes. Ajouter le coulis.

3. Hacher les saucisses en petits tronçons et les cuire à part dans une poêle avec l'huile restante. Ajouter dans la sauce. Laisser mijoter 20 minutes à feu doux.

POUR 4 PERSONNES - PRÉPARATION 15 MINUTES - CUISSON 1 H 10

LASAGNES

- 500 g de lasagnes sèches ou fraîches
- 350 g de bœuf haché
- 1 oignon
- 800 g de tomates concassées
- 500 ml de béchamel
- 200 g de mozzarella râpée
- 1 filet d'huile d'olive
- Sel, poivre

1. Émincer l'oignon et le faire revenir dans une poêle avec un filet d'huile d'olive. Ajouter la viande. Quand elle commence à colorer, ajouter les tomates. Assaisonner. Laisser mijoter 20 minutes. Au besoin, ajouter 100 ml d'eau.

2. Préchauffer le four à 180 °C. Dans un plat à gratin, étaler une couche de lasagne, une couche de béchamel, une couche de préparation à la viande et une couche de mozzarella râpée. Recommencer jusqu'à épuisement des ingrédients en terminant par une bonne couche de mozzarella.

3. Enfourner 30 à 40 minutes.

POUR 4 PERSONNES - PRÉPARATION 15 MINUTES - CUISSON 25 MINUTES

GRATIN DE PÂTES AU MAÏS

- 400 g de coquillettes
- 285 g de maïs en boîte
- 150 g de cheddar
- 100 ml de crème fraîche
- 2 gousses d'ail
- 1 botte de persil
- Sel, poivre

1. Préchauffer le four à 200 °C. Faire cuire les pâtes comme indiqué sur le paquet.
2. Laver et hacher le persil. Éplucher l'ail et l'écraser. Râper le cheddar.
3. Mélanger les pâtes égouttées avec la crème fraîche, le maïs égoutté, les trois quarts du fromage râpé, l'ail et le persil. Saler et poivrer, verser dans un plat à gratin.
4. Repartir le reste de fromage râpé et enfourner 25 minutes. Servir aussitôt.

POUR 2 À 4 PERSONNES - PRÉPARATION 5 MINUTES - CUISSON 7 MINUTES - REPOS 2 MINUTES

COQUILLETTES & JAMBON

- 250 g de coquillettes
- 50 g de beurre
- 150 g de comté
- 4 tranches de jambon blanc
- Sel, poivre

1. Couper le jambon en dés, râper le comté.
2. Dans une grande sauteuse, mettre les pâtes, le beurre, 600 ml d'eau et ½ cuillerée à café de sel. Poivrer, porter à ébullition. Baisser le feu et cuire 7 minutes, en remuant régulièrement.
3. Éteindre, ajouter le comté et le jambon. Couvrir, attendre 2 minutes, remuer. Rectifier l'assaisonnement au besoin.

POUR 2 PERSONNES - PRÉPARATION 20 MINUTES - CUISSON 15 MINUTES

SPAGHETTIS DE MINUIT

- 200 g de spaghettis
- 3 gousses d'ail
- 1 bonne pincée de piment en poudre
- 4 cuillerées à soupe d'huile d'olive

1. Faire cuire les pâtes comme indiqué sur le paquet.
2. Éplucher l'ail et l'émincer très finement. Égoutter les pâtes en gardant un peu d'eau de cuisson.
3. Remettre la casserole sur le feu et y faire chauffer l'huile à feu moyen. Ajouter l'ail et le piment, laisser blondir l'ail très légèrement.
4. Retirer du feu, remettre les pâtes et l'eau réservée dans la casserole. Mélanger.

POUR 2 PERSONNES - PRÉPARATION 10 MINUTES - CUISSON 10 MINUTES

SPAGHETTIS AU YAOURT

- 200 g de spaghettis
- 1 tomate
- 1 yaourt grec
- 6 brins d'herbes variées
- 1 filet d'huile d'olive
- Sel, poivre

1. Faire cuire les pâtes en suivant les instructions sur le paquet.
2. Rincer et hacher les herbes. Laver et couper la tomate en petits dés.
3. Mélanger le yaourt et les herbes dans un bol supportant la chaleur. Placer le bol au-dessus d'un bain-marie et laisser le yaourt se réchauffer. Saler et poivrer.
4. Mélanger le yaourt aux herbes avec les pâtes égouttées et les dés de tomate. Ajouter un trait d'huile d'olive.

POUR 2 PERSONNES - PRÉPARATION 15 MINUTES - CUISSON 10 MINUTES

RIGATONIS AU CITRON

- 200 g de rigatonis
- 50 g de beurre
- 200 ml de crème liquide
- 1 citron
- Sel, poivre

1. Faire chauffer au moins 2 litres d'eau dans une casserole. Lorsque l'eau bout, saler, verser les pâtes et laisser cuire le temps indiqué sur le paquet.

2. Nettoyer le citron, râper finement le zeste puis le presser. Égoutter les pâtes.

3. Faire chauffer le beurre dans une poêle à feu doux. Ajouter la crème, la moitié du jus de citron et le zeste. Laisser frémir cette sauce pendant 2 minutes.

4. Goûter et ajouter du jus de citron si nécessaire. Saler et poivrer. Verser sur les pâtes et mélanger délicatement.

POUR 2 PERSONNES - PRÉPARATION 20 MINUTES - CUISSON 10 MINUTES

SPAGHETTIS CHÈVRE & OLIVE

- 200 g de spaghettis
- 40 g d'olives
- 200 g de fromage de chèvre frais
- 4 tomates séchées
- Quelques brins de persil plat
- 2 oignons nouveaux
- 1 filet d'huile d'olive
- Sel, poivre

1. Faire cuire les pâtes en suivant les instructions sur le paquet.
2. Rincer le persil et les oignons. Hacher tous les ingrédients finement sauf le fromage. Les mélanger dans un grand bol avec l'huile, un peu de sel et du poivre.
3. Égoutter les pâtes, les servir avec le fromage de chèvre émietté et ce « relish » cru en guise de sauce.

POUR 2 PERSONNES - PRÉPARATION 15 MINUTES - CUISSON 10 MINUTES

ROQUETTE PASTA

- 200 g de spaghettis complets
- 100 g de roquette
- 3 cuillerées à soupe d'huile d'olive
- 10 g de parmesan
- Quelques gouttes de Tabasco®

1. Faire cuire les pâtes comme indiqué sur le paquet. Rincer et sécher la roquette.

2. Détailler le parmesan en copeaux. Égoutter les pâtes cuites en gardant un peu d'eau de cuisson.

3. Remettre les pâtes dans la casserole et ajouter le Tabasco®, l'eau de cuisson réservée, la roquette, l'huile et les trois quarts du parmesan. Mélanger et parsemer le fromage restant.

POUR 2 PERSONNES - PRÉPARATION 10 MINUTES - CUISSON 20 MINUTES

ORECCHIETTE BROCOLI & BLEU

- 200 g de orecchiette
- 100 g de fromage bleu
- 1 petit brocoli
- Poivre

1. Rincer et découper le brocoli en fleurettes. Les faire cuire dans une casserole d'eau bouillante pendant 6 à 7 minutes : elles doivent être tendres, mais al dente. Égoutter en gardant l'eau de cuisson. Les couvrir pour les garder au chaud.

2. Porter à ébullition l'eau de cuisson du brocoli, en rajouter si nécessaire, puis y faire cuire les pâtes le temps indiqué sur le paquet.

3. Couper ou émietter le fromage dans 2 grandes assiettes. Égoutter les pâtes, les verser dans les assiettes avec le brocoli et mélanger. Bien poivrer.

POUR 2 PERSONNES - PRÉPARATION 20 MINUTES - CUISSON 10 MINUTES

FUSILLIS AU PESTO

- 200 g de fusillis
- 2 bottes de basilic
- 4 cuillerées à soupe d'huile d'olive
- 1 cuillerée à soupe de pignons de pin
- 1 gousse d'ail
- 30 g de parmesan

1. Faire cuire les pâtes en suivant les instructions sur le paquet.
2. Râper le parmesan. Laver les feuilles de basilic. Éplucher l'ail.
3. Dans un robot (ou un mortier), mixer (ou piler) les feuilles de basilic, l'ail, les pignons et l'huile d'olive. Ajouter le parmesan râpé.
4. Égoutter les pâtes et les mélanger avec le pesto.

POUR 2 PERSONNES - PRÉPARATION 15 MINUTES - CUISSON 10 MINUTES

PENNE AUX ANCHOIS

- 200 g de penne
- 5 filets d'anchois
- 1 cuillerée à soupe de câpres
- 1 petite gousse d'ail
- 2 cuillerées à soupe d'huile d'olive

1. Hacher les anchois et les câpres. Éplucher et hacher l'ail finement.

2. Dans une poêle, faire chauffer 1 cuillerée à soupe d'huile à feu moyen-doux. Faire fondre l'ail et les anchois jusqu'à ce qu'ils forment presque une pâte. Ajouter les câpres et un peu d'huile.

3. Faire cuire les pâtes comme indiqué sur le paquet. Égoutter en conservant 1 louche d'eau de cuisson, l'ajouter à la sauce. Mélanger la sauce avec les pâtes.

POUR 2 PERSONNES - PRÉPARATION 20 MINUTES - CUISSON 10 MINUTES

ORECCHIETTE AUX TOMATES

- 175 g d'orecchiette
- 250 g de tomates
- 1 petit poivron rouge
- 1 oignon
- 4 tomates séchées à l'huile
- Quelques brins de coriandre
- 3 cuillerées à soupe d'huile d'olive
- Sel, poivre

1. Faire cuire les pâtes en suivant les instructions sur le paquet.

2. Laver les légumes et les herbes. Couper les tomates et le poivron en tout petits dés. Hacher la coriandre, l'oignon épluché et les tomates séches.

3. Mélanger tous les légumes. Assaisonner de sel, de poivre et d'huile d'olive. Ajouter les pâtes chaudes.

POUR 2 PERSONNES - PRÉPARATION 10 MINUTES - CUISSON 10 MINUTES

PENNE AU THON

- 200 g de penne
- 1 boîte de thon au naturel
- ½ Boursin®
- 2 cuillerées à soupe de crème liquide
- Quelques brins d'aneth

1. Faire cuire les pâtes en suivant les instructions sur le paquet.
2. Rincer et hacher l'aneth finement.
3. Dans un bol, écraser le thon, le fromage et la crème liquide à l'aide d'une fourchette. Ajouter l'aneth et mélanger.
4. Égoutter les pâtes et les mélanger avec la sauce.

POUR 2 PERSONNES - PRÉPARATION 10 MINUTES - CUISSON 30 MINUTES

MAC & CHEESE

- 80 g de macaronis
- 20 g de beurre
- 1 cuillerée à soupe de farine
- 200 ml de lait
- 1 cuillerée à soupe de chapelure
- 75 g de comté

1. Préchauffer le four à 180 °C.

2. Faire fondre le beurre dans une casserole. Ajouter la farine d'un coup et mélanger. Retirer du feu, ajouter le lait peu à peu puis remettre sur le feu et cuire 4 à 5 minutes en remuant.

3. Râper le fromage, en réserver 1 cuillerée à soupe et ajouter le reste à la béchamel. Mélanger avec les macaronis égouttés.

4. Verser dans un plat à gratin beurré. Mélanger le fromage restant et la chapelure, en parsemer les pâtes et faire gratiner 20 minutes au four.

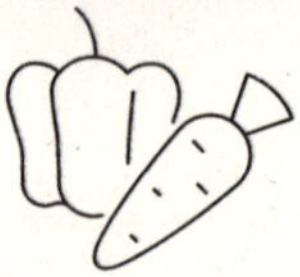

POUR 4 PERSONNES - PRÉPARATION 30 MINUTES - CUISSON 30 MINUTES

GNOCCHIS MAISON

- 1 kg de pommes de terre
- 400 g de farine
- 1 œuf
- 50 g de beurre
- 1 pincée de noix de muscade

1. Éplucher les pommes de terre. Les cuire dans une grande casserole d'eau bouillante salée environ 20 minutes. Les réduire en purée. Incorporer le beurre au fur et à mesure.

2. Mélanger la purée et le reste des ingrédients jusqu'à l'obtention d'une pâte homogène. Assaisonner.

3. Diviser la pâte en 4 parts égales. Former des boudins très fins et longs. Les fariner, puis détailler des gnocchis et les marquer en appuyant avec une fourchette.

4. Dans une grande casserole d'eau bouillante salée, faire cuire les gnocchis. Égoutter dès qu'ils remontent à la surface.

5. Faire chauffer une noisette de beurre dans une poêle et poêler les gnocchis jusqu'à ce qu'ils soient légèrement dorés.

POUR 4 PERSONNES - PRÉPARATION 15 MINUTES - CUISSON 35 MINUTES

LÉGUMES RÔTIS

- 1 kg de pommes de terre
- 1 oignon rouge
- 2 citrons
- 3 cuillerées à soupe d'huile d'olive
- 125 g de fromage blanc
- 1 cuillerée à café de paprika
- Sel, poivre

1. Préchauffer le four à 200 °C. Éplucher les pommes de terre, les laver et les couper en quartiers. Éplucher l'oignon et le couper en lamelles. Laver et couper les citrons en quartiers.

2. Mettre les pommes de terre, les citrons et l'oignon sur une plaque allant au four et mélanger avec l'huile d'olive. Saler et poivrer.

3. Enfourner 35 minutes. Mélanger le fromage blanc avec le paprika et servir avec les pommes de terre.

POUR 4 PERSONNES - PRÉPARATION 15 MINUTES - CUISSON 30 MINUTES

POÊLÉE PAYSANNE

- 4 pommes de terre à chair ferme
- 1 oignon
- 400 g de chair à saucisse
- 3 branches de céleri
- 200 g de petits pois
- 2 cuillerées à soupe d'huile d'olive
- Sel, poivre

1. Éplucher les pommes de terre, les laver et les couper en petits dés. Laver et émincer le céleri. Éplucher et émincer l'oignon.

2. Chauffer l'huile dans une sauteuse antiadhésive et faire revenir l'oignon 2 minutes à feu moyen.

3. Ajouter la chair à saucisse et faire colorer 3 minutes. Ajouter les pommes de terre, saler et cuire 15 minutes à feu moyen. Ajouter le céleri et les petits pois et cuire 10 minutes. Rectifier l'assaisonnement avant de servir.

POUR 4 PERSONNES - PRÉPARATION 20 MINUTES - CUISSON 1 HEURE

TIAN D'ÉTÉ

- 6 courgettes
- 6 tomates
- 2 oignons rouges
- 1 gousse d'ail
- 3 cuillerées à soupe d'huile d'olive
- 2 à 3 brins de thym
- Sel, poivre

1. Préchauffer le four à 200 °C.

2. Éplucher les oignons et l'ail, et les couper en tranches fines. Laver et couper les tomates et les courgettes en tranches.

3. Huiler un plat allant au four, faire un lit d'oignons et d'ail, puis ranger dessus verticalement les tranches de courgette et de tomate en les serrant bien.

4. Glisser le thym entre les légumes, arroser d'huile, saler et poivrer. Enfourner 1 heure.

POUR 4 PERSONNES - PRÉPARATION 15 MINUTES - CUISSON 30 MINUTES

LÉGUMES RÔTIS, FETA & CURRY

- 4 pommes de terre
- 1 patate douce
- 200 g de feta
- 1 cuillerée à café de curry en poudre
- 4 brins de thym
- 3 cuillerées à soupe d'huile d'olive
- Sel, poivre

1. Préchauffer le four à 200 °C. Rincer et effeuiller le thym. Éplucher les pommes de terre et la patate douce. Les laver et les couper en quartiers.

2. Les disposer sur une plaque allant au four. Mélanger avec l'huile d'olive, le curry et le thym. Saler et poivrer. Enfourner 30 minutes.

3. Émietter la feta par-dessus et servir aussitôt.

POUR 4 PERSONNES - PRÉPARATION 15 MINUTES - CUISSON 50 MINUTES

COCOTTE D'ÉTÉ

- 800 g pommes de terre grenailles
- 600 g de tomates
- 2 cuillerées à soupe de câpres
- ½ tête d'ail
- Le zeste de 1 citron
- 2 cuillerées à soupe d'huile d'olive
- Sel

1. Préchauffer le four à 180 °C. Laver les pommes de terre et les tomates, les couper en deux.
2. Mélanger tous les ingrédients sauf le zeste, saler. Les mettre dans un plat allant au four. Enfourner et faire cuire pendant 50 minutes.
3. Avant de servir, retirer la pulpe d'ail avec une fourchette, l'écraser et mélanger avec le reste du plat. Parsemer le zeste de citron.

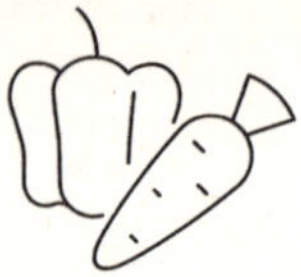

POUR 4 PERSONNES - PRÉPARATION 30 MINUTES - CUISSON 45 MINUTES

TOMATES FARCIES

- 12 tomates moyennes
- 200 g de riz blanc long
- 100 g de chair à saucisse
- 4 à 5 feuilles de sauge
- 2 oignons
- 1 ou 2 gousses d'ail
- Huile d'olive
- Sel, poivre

1. Préchauffer le four à 180 °C. Laver les tomates, couper un chapeau et récupérer la pulpe à la cuillère. Les ranger dans un plat allant au four légèrement huilé.

2. Peler et émincer les oignons et les cuire 10 minutes dans 1 cuillerée à soupe d'huile avec un peu de sel. Rincer et hacher la sauge. Éplucher et râper l'ail.

3. Mélanger la pulpe des tomates, les oignons, l'ail râpé, la sauge, le riz et la chair à saucisse.

4. Assaisonner et remplir les tomates. Remettre le chapeau et enfourner 45 minutes.

POUR 4 PERSONNES - PRÉPARATION 10 MINUTES - CUISSON 10 MINUTES - REPOS 30 MINUTES

COURGETTES SAUTÉES & MARINÉES

- 500 g de courgettes
- 1 gousse d'ail
- 1 pincée de sucre
- 1 cuillerée à café de vinaigre de vin blanc
- 2 cuillerées à soupe d'huile d'olive
- Sel, poivre

1. Laver les courgettes, retirer les extrémités et les couper en rondelles assez fines.

2. Chauffer l'huile d'olive dans une poêle. Faire dorer les courgettes en plusieurs fois (elles ne doivent pas se superposer dans la poêle), en secouant la poêle pour qu'elles cuisent bien des 2 côtés.

3. Frotter un plat avec la gousse d'ail coupée en deux et y mettre les courgettes cuites. Arroser avec le vinaigre mélangé au sucre, remuer délicatement, saler et poivrer. Laisser mariner 30 minutes.

POUR 4 PERSONNES - PRÉPARATION 20 MINUTES - CUISSON 35 MINUTES

CRUMBLE DE COURGETTES

- 1 kg de courgettes
- 200 g de fromage frais de chèvre, de brebis ou de vache
- 150 g de farine
- 110 g de beurre
- 50 g de comté
- 6 brins de basilic
- 2 cuillerées à soupe d'huile d'olive
- Sel, poivre

1. Préchauffer le four à 180 °C. Laver les courgettes et les couper en rondelles fines. Les mettre dans un plat allant au four et les arroser d'huile d'olive. Saler, poivrer, ajouter le basilic et remuer. Ajouter le fromage frais émietté.

2. Assaisonner la farine. Incorporer du bout des doigts le beurre en morceaux pour obtenir une consistance de grosses miettes. Ajouter le comté râpé.

3. Répartir le crumble sur les courgettes et enfourner 35 minutes.

POUR 4 PERSONNES - PRÉPARATION 25 MINUTES - CUISSON 40 MINUTES

OIGNONS & COURGETTES FARCIS

- 6 oignons rouges
- 6 petites courgettes ou 3 grosses
- 400 g de chair à saucisse
- 1 botte de basilic
- 3 à 4 cuillerées à soupe d'huile d'olive
- Sel, poivre

1. Préchauffer le four à 190 °C.

2. Retirer la première peau des oignons, couper un chapeau et les évider à l'aide d'une petite cuillère. Laver les courgettes, les couper en deux dans la longueur et les évider.

3. Ranger ces légumes dans un plat allant au four légèrement huilé. Hacher leur chair ainsi que les feuilles de basilic. Faire dorer avec 2 cuillerées à soupe d'huile pendant 7 à 8 minutes sur feu moyen.

4. Mélanger avec la viande, assaisonner et remplir les légumes. Remettre le chapeau et arroser d'un peu d'huile d'olive. Enfourner 35 à 40 minutes environ.

POUR 4 PERSONNES - PRÉPARATION 15 MINUTES - CUISSON 30 MINUTES

POMME DE TERRE & CIBOULETTE

- 1 kg de pommes de terre à chair ferme
- 1 botte de romarin
- 200 g de fromage blanc
- 1 échalote
- 1 botte de ciboulette
- Sel, poivre

1. Laver les pommes de terre, frotter la peau. Faire un trou dans chaque pomme de terre à l'aide d'une pique à brochette. Glisser 1 brin de romarin dans chaque trou.

2. Cuire sur la grille du cuit-vapeur 20 à 30 minutes selon leur taille.

3. Éplucher et ciseler l'échalote. Rincer et ciseler la ciboulette. Les mélanger au fromage blanc. Assaisonner.

4. Servir les pommes de terre chaudes avec la sauce.

POUR 4 PERSONNES - PRÉPARATION 15 MINUTES - CUISSON 30 MINUTES

CHOU ROUGE & POMME DE TERRE

- 1 kg de pommes de terre roseval
- ¼ de chou rouge
- ½ botte d'aneth
- 1 grosse cuillerée à soupe de moutarde à l'ancienne
- 3 cuillerées à soupe de vinaigre de framboise
- 4 cuillerées à soupe d'huile de colza
- Sel, poivre

1. Cuire les pommes de terre à la vapeur 20 à 30 minutes. Vérifier la cuisson, les éplucher quand elles sont encore tièdes.

2. Émincer le chou. Mélanger le vinaigre, la moutarde et l'huile. Ajouter le chou et l'aneth haché. Assaisonner.

3. Couper les pommes de terre en rondelles de 5 mm d'épaisseur, les mélanger à la salade. Goûter et rectifier l'assaisonnement.

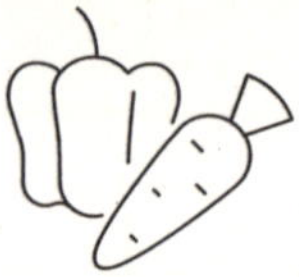

POUR 4 PERSONNES - PRÉPARATION 15 MINUTES - CUISSON 25 MINUTES

ÉCRASÉE AUX HARICOTS VERTS

- 600 g de pommes de terre nouvelles
- 500 g de haricots verts
- 3 gousses d'ail
- 5 cuillerées à soupe d'huile d'olive
- Sel, poivre

1. Nettoyer les légumes. Équeuter les haricots. Éplucher les pommes de terre, les couper en quatre. Éplucher l'ail.

2. Cuire les pommes de terre dans le premier panier d'un cuit-vapeur 25 minutes. Au bout de 10 minutes, ajouter le second panier avec les haricots verts et l'ail.

3. Transférer le tout dans un grand plat avec le jus de cuisson. Écraser avec une fourchette tout en ajoutant l'huile. Assaisonner et servir.

POUR 4 PERSONNES - PRÉPARATION 15 MINUTES - CUISSON 20 MINUTES

PURÉE DE POMMES DE TERRE

- 900 g de pommes de terre bintje
- 1 feuille de laurier
- 2 gousses d'ail
- 90 g de beurre salé
- 300 ml de lait entier

1. Peler les pommes de terre, les laver et les couper en gros morceaux. Les faire cuire dans de l'eau salée, départ à froid, pendant 15 à 20 minutes avec la feuille de laurier et les gousses d'ail pelées.

2. Faire chauffer le lait. Égoutter les pommes de terre puis les écraser au presse-purée en ajoutant du lait au fur et à mesure jusqu'à l'obtention d'une texture souple. Incorporer le beurre.

POUR 4 PERSONNES - PRÉPARATION 30 MINUTES - REPOS 10 MINUTES - CUISSON 1 HEURE

GRATIN DAUPHINOIS

- 1,2 kg de pommes de terre
- 500 ml de crème liquide
- 30 g de beurre
- 200 ml de lait
- 2 gousses d'ail
- Sel, poivre

1. Préchauffer le four à 210 °C. Peler les pommes de terre, les laver et les essuyer. Les détailler en tranches fines à la mandoline.

2. Peler l'ail et le dégermer. Frotter un plat à gratin avec 1 gousse d'ail, puis le beurrer. Faire chauffer la crème et le lait avec la seconde gousse d'ail et laisser infuser 10 minutes. Retirer l'ail.

3. Ranger les pommes de terre dans le plat à gratin. Saler et poivrer au fur et à mesure. Verser le mélange lait-crème. Enfourner 1 heure jusqu'à ce que le gratin soit doré et les pommes de terre tendres.

POUR 4 PERSONNES - PRÉPARATION 15 MINUTES - CUISSON 50 MINUTES

POMMES DE TERRE SUÉDOISES

- 8 pommes de terre
- 3 cuillerées à soupe d'huile d'olive
- 1 branche de romarin
- 1 cuillerée à soupe de miel
- 30 g de beurre
- 3 gousses d'ail
- Sel, poivre

1. Préchauffer le four à 180 °C. Laver les pommes de terre puis les sécher. Les entailler verticalement, les ranger dans un plat à four. Saler et poivrer, parsemer d'herbes et de noisettes de beurre. Ajouter les gousses d'ail entières non pelées. Arroser d'huile d'olive.

2. Enfourner 50 minutes jusqu'à ce que les pommes de terre soient dorées mais fondantes.

POUR 4 PERSONNES - PRÉPARATION 15 MINUTES - CUISSON 30 MINUTES

FRITES AU FOUR AU PAPRIKA

- 600 g de pommes de terre à four
- 1 cuillerée à café de fleur de sel
- 1 cuillerée à soupe de paprika doux ou fumé
- 4 cuillerées à soupe d'huile d'olive
- 1 cuillerée à soupe de sucre
- Sel, poivre

1. Préchauffer le four à 210 °C. Peler les pommes de terre et les couper en frites épaisses. Les laver et les sécher. Les mettre dans un plat à four.

2. Mélanger l'huile et le paprika. Verser sur les pommes de terre et bien les enrober. Saler et poivrer.

3. Enfourner 25 à 30 minutes.

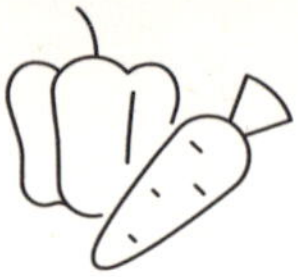

POUR 4 PERSONNES - PRÉPARATION 5 MINUTES - CUISSON 30 MINUTES

CHOU-FLEUR ÉPICÉ

- 1 chou-fleur de 1 kg
- 1 cuillerée à soupe de garam masala
- 1 oignon
- 500 ml de lait
- 1 cuillerée à café de piment en poudre
- 1 petite botte d'aneth

1. Éplucher et émincer l'oignon. Rincer et ciseler l'aneth. Enlever les feuilles du chou-fleur, le rincer. Inciser la base du chou-fleur en forme de croix avec un couteau.
2. Mélanger le lait avec les épices, la moitié de l'aneth et 500 ml d'eau dans une cocotte puis y plonger le chou-fleur entier.
3. Laisser cuire 30 minutes à couvert à feu moyen. Servir avec le reste d'aneth ciselé.

POUR 4 PERSONNES - PRÉPARATION 5 MINUTES - CUISSON 30 MINUTES

HARICOTS BLANCS, CAROTTES & CUMIN

- 400 g de haricots blancs cuits
- 400 g de carottes
- 1 cuillerée à soupe de graines de cumin
- 70 g de concentré de tomates
- 1 cuillerée à soupe de harissa
- Sel, poivre

1. Égoutter les haricots blancs. Éplucher et couper les carottes en rondelles.

2. Mettre tous les ingrédients dans une casserole. Ajouter 500 ml d'eau, 1 cuillerée à café de sel et 2 pincées de poivre moulu.

3. Laisser cuire 30 minutes à couvert à feu moyen.

POUR 4 PERSONNES - PRÉPARATION 25 MINUTES - CUISSON 30 MINUTES

GRATIN DE BLETTES

- 1 kg de blettes
- 250 g de feuilles de lasagne précuites
- 200 g de comté ou d'un autre fromage à pâte dure
- 60 g de beurre
- 50 g de farine
- 500 ml de lait
- 150 ml de coulis de tomates
- Sel, poivre

1. Préchauffer le four à 180 °C. Nettoyer les blettes et les couper en lamelles. Les plonger 4 minutes dans de l'eau bouillante salée. Égoutter.

2. Faire une béchamel. Chauffer doucement le lait. Faire fondre le beurre dans une casserole, ajouter la farine, remuer pour lier et faire légèrement roussir pendant 1 ou 2 minutes. Ajouter le lait progressivement en fouettant, ainsi que le coulis de tomates. Porter à ébullition sans cesser de remuer jusqu'à obtenir une sauce épaisse, saler et poivrer.

3. Râper le comté et en ajouter les deux tiers à la sauce.

4. Verser une couche de sauce dans le fond d'un plat à gratin et faire des couches alternées de blettes et de lasagnes. Recouvrir de sauce, du reste de comté et enfourner 30 minutes.

POUR 4 PERSONNES - PRÉPARATION 15 MINUTES - CUISSON 30 MINUTES

COCOTTE D'AUTOMNE

- 6 pommes de terre
- 1 oignon
- 250 g de champignons de Paris
- 4 tranches de jambon cru
- 2 cuillerées à soupe d'huile d'olive
- 4 brins de thym

1. Éplucher et couper les pommes de terre en cubes. Éplucher et émincer l'oignon. Nettoyer et couper les champignons en quartiers.

2. Faire revenir l'oignon, les pommes de terre et les champignons dans l'huile.

3. Ajouter le jambon, le thym et 300 ml d'eau. Saler, poivrer et laisser mijoter 20 minutes à couvert, à feu doux.

POUR 4 PERSONNES - PRÉPARATION 10 MINUTES - CUISSON 50 MINUTES

BUTTERNUT RÔTIE

- 1 courge butternut de 800 g à 1 kg
- 4 cuillerées à soupe d'huile d'olive
- Quelques brins de thym ou d'origan
- 2 pincées de sucre
- Sel, poivre

1. Préchauffer le four à 180 °C.

2. Bien nettoyer la courge et la couper en deux dans la hauteur. Retirer les graines. Inciser la chair en croisillons sans trancher la peau.

3. Placer la courge, face coupée vers le haut, dans un plat allant au four et la badigeonner d'huile. Saupoudrer de sucre et de sel, parsemer de thym.

4. Enfourner 50 minutes. Poivrer.

POUR 4 PERSONNES - PRÉPARATION 20 MINUTES - CUISSON 1 HEURE

TIAN D'HIVER

- 500 g de pommes de terre plutôt fermes (belle de Fontenay...)
- 4 à 5 feuilles de chou kale ou de chou frisé
- 300 g de courge butternut
- 5 cuillerées à soupe d'huile d'olive
- 3 échalotes
- 5 ou 6 brins de thym ou d'origan
- 1 cube de bouillon de légumes bio
- Sel, poivre

1. Préchauffer le four à 180 °C. Huiler un plat allant au four.

2. Éplucher les pommes de terre et les échalotes. Laver la courge et le chou. Couper les pommes de terre, les échalotes et la courge en tranches très fines. Couper les feuilles de chou en lamelles. Mettre les légumes dans un saladier, ajouter l'huile, les feuilles de thym, du sel et du poivre, et bien remuer pour enduire les légumes.

3. Ranger verticalement les tranches de légumes, en intercalant du chou. Verser dessus le reste d'huile assaisonnée du saladier. Dissoudre le bouillon dans 250 ml d'eau bouillante et verser sur les légumes.

4. Enfourner 45 minutes à 1 heure. Si le dessus grille trop, protéger avec du papier d'aluminium et baisser le four à 170 °C pour la fin de la cuisson.

POUR 4 PERSONNES - PRÉPARATION 15 MINUTES - CUISSON 20 MINUTES - REPOS 2 HEURES

TERRINE POMME DE TERRE & SARDINE

- 6 pommes de terre
- 4 boîtes de sardines à l'huile d'olive
- 1 gousse d'ail
- 1 brin de thym
- 6 cuillerées à soupe d'herbes aromatiques

1. Faire cuire les pommes de terre 20 minutes, départ à froid, dans une casserole d'eau salée avec l'ail légèrement écrasé et le thym.

2. Éplucher les pommes de terre encore chaudes et les couper en tranches fines.

3. Dans un moule à cake ou une terrine, alterner les couches de rondelles de pomme de terre et les sardines. Saupoudrer régulièrement de thym et arroser de l'huile des sardines. Placer un poids sur la terrine et mettre 2 heures au frais.

4. Démouler une fois bien froid.

POUR 6 PERSONNES - PRÉPARATION 10 MINUTES - CUISSON 45 MINUTES

TOURTE DE TAILLONS

- 2 pâtes brisées
- 750 g de pommes de terre
- 3 oignons doux
- 100 g de tranches de poitrine fumée
- 4 cuillerées à soupe de crème épaisse entière
- 1 cuillerée à soupe d'huile de cuisson

1. Couper les pommes de terre pelées en rondelles de 5 mm. Les cuire à l'eau bouillante salée 10 minutes. Faire revenir les oignons émincés 5 minutes dans l'huile.

2. Dérouler la pâte sur une plaque. Garnir avec les pommes de terre, les oignons, la poitrine fumée et la crème.

3. Couper la seconde pâte en lamelles, les poser en quadrillage sur la tarte et rouler les bords pour les souder. Enfourner 30 minutes.

POUR 4 PERSONNES - PRÉPARATION 15 MINUTES - CUISSON 1 HEURE

COURONNE AU CAMEMBERT

- 1 pâte brisée
- 500 g de pommes de terre
- 100 ml de crème liquide entière
- 12 brins de ciboulette
- ½ camembert
- 1 jaune d'œuf

1. Préchauffer le four à 180 °C. Cuire les pommes de terre 30 minutes dans de l'eau bouillante. Les écraser avec la crème. Assaisonner et ajouter la ciboulette ciselée.

2. Dérouler la pâte, déposer un bol de 14 cm de diamètre au centre. Étaler la purée tout autour. Déposer 8 parts de camembert sur la purée. Rabattre les bords de la pâte sur la purée. Couper le centre de la pâte en huit et replier chaque triangle sur le camembert. Dorer au jaune d'œuf et enfourner 30 minutes.

POUR 4 PERSONNES - PRÉPARATION 10 MINUTES - CUISSON 30 MINUTES - REPOS 10 MINUTES

TORTILLA

- 4 œufs
- 500 g de pommes de terre
- 1 oignon
- 250 ml d'huile de cuisson
- Sel, poivre

1. Éplucher et émincer l'oignon. Éplucher les pommes de terre et les couper en fines rondelles.
2. Mettre les pommes de terre et l'oignon dans une poêle à bords hauts, couvrir d'huile et faire cuire sur feu moyen pendant 20 minutes. Égoutter et remettre dans la poêle.
3. Battre les œufs avec du sel et du poivre, verser sur les pommes de terre et laisser reposer 10 minutes.
4. Cuire jusqu'à ébullition, faire glisser sur une assiette puis retourner dans la poêle. Faire cuire encore 3 minutes.

POUR 4 PERSONNES - PRÉPARATION 10 MINUTES - CUISSON 15 MINUTES

FRITTATA AUX COURGETTES

- 4 œufs
- 2 courgettes
- 1 oignon
- 120 g de gorgonzola
- 4 cuillerées à soupe d'huile d'olive
- Sel, poivre

1. Laver et couper les courgettes en lamelles à la mandoline. Éplucher et émincer l'oignon. Les faire revenir 10 minutes sur feu moyen dans l'huile d'olive dans une poêle à bords hauts allant au four.

2. Battre les œufs avec 2 pincées de sel et de poivre. Verser dans la poêle, ajouter le gorgonzola émietté, laisser cuire 2 minutes Finir la cuisson 3 minutes sous le gril du four.

3. Démouler et placer au frais avant de servir.

POUR 4 PERSONNES - PRÉPARATION 5 MINUTES - CUISSON 12 MINUTES

FRITTATA TOMATE & ÉPINARD

- 8 œufs
- 60 ml de lait
- 200 g de feta
- 2 poignées de pousses d'épinard
- 200 g de tomates cerises
- ½ poignée de basilic

1. Préchauffer le four à 220 °C. Rincer les épinards, les tomates et le basilic. Battre les œufs puis ajouter le lait.

2. Dans une poêle en fonte bien graissée, cuire les épinards sur feu vif pendant 2 minutes. Verser le mélange œufs et lait, et cuire 5 minutes.

3. Parsemer la frittata avec la feta en morceaux, les tomates cerises coupées en deux et les feuilles de basilic. Placer la frittata au four pendant 5 minutes.

POUR 4 PERSONNES - PRÉPARATION 15 MINUTES - CUISSON 10 MINUTES

CRÊPES AUX LÉGUMES

- 4 œufs
- 2 courgettes
- 2 carottes
- 75 g de farine
- 4 cuillerées à soupe d'huile d'olive
- 120 ml de lait
- 1 poignée de pousses de roquette
- Sel, poivre

1. Peler les carottes, laver les courgettes. Les râper grossièrement. Rincer et hacher la roquette.

2. Mélanger les œufs, la farine et le lait. Ajouter les légumes.

3. Faire chauffer l'huile dans une poêle sur feu moyen à fort et verser 1 louche de pâte.

4. Cuire la crêpe environ 1 minute de chaque côté. Renouveler l'opération avec le reste de pâte.

POUR 6 PERSONNES - PRÉPARATION 10 MINUTES - CUISSON 40 MINUTES

QUICHE COURGETTE & CHÈVRE

- 1 pâte brisée
- 2 œufs
- 300 ml de crème liquide entière
- 2 courgettes
- 100 g de chèvre frais
- 2 cuillerées à soupe d'huile d'olive
- Sel, poivre

1. Laver et couper les courgettes en lanières. Faire chauffer l'huile dans une poêle. Faire revenir les lanières de courgette pendant 10 minutes.
2. Préchauffer le four à 180 °C. Étaler la pâte dans un moule, piquer à la fourchette et enfourner 10 minutes.
3. Mélanger les œufs, la crème, saler et poivrer. Verser sur le fond de tarte, ajouter les courgettes et le fromage émietté, enfourner 30 minutes.

POUR 6 PERSONNES - PRÉPARATION 5 MINUTES - CUISSON 30 MINUTES

QUICHE SANS PÂTE AUX LÉGUMES

- 265 g de jardinière de légumes surgelée
- 250 ml de lait
- 3 œufs
- 100 ml de crème liquide
- 2 cuillerées à soupe de farine
- 100 g d'emmental râpé

1. Préchauffer le four à 200 °C. Placer tous les ingrédients, sauf la jardinière, dans la cuve d'un mixeur. Mélanger jusqu'à l'obtention d'une préparation homogène.

2. Ajouter la jardinière de légumes et mélanger.

3. Verser l'ensemble dans un moule à manqué en silicone ou chemisé de papier cuisson.

4. Enfourner 30 minutes.

POUR 4 PERSONNES - PRÉPARATION 20 MINUTES - CUISSON 35 MINUTES

SOUFFLÉ AU FROMAGE

- 6 œufs
- 1 litre de lait frais entier
- 200 g de comté ou cantal râpé
- 90 g de beurre + un peu pour le moule
- 80 g de farine
- 1 pincée de noix de muscade râpée
- Sel

1. Préchauffer le four à 180 °C.

2. Séparer les blancs des jaunes. Beurrer un moule à soufflé de 2 litres. Réchauffer le lait.

3. Faire fondre le beurre dans une grande casserole, ajouter la farine et remuer pour faire légèrement cuire ce mélange. Ajouter le lait chaud progressivement. Faire cuire jusqu'à ébullition et épaississement tout en remuant. Ajouter les jaunes d'œufs un à un, puis le fromage râpé. Assaisonner avec du sel et de la muscade râpée.

4. Monter les blancs en neige ferme et les incorporer en 3 fois dans le mélange. Verser dans le moule et enfourner 35 minutes. Servir aussitôt.

POUR 4 PERSONNES - PRÉPARATION 10 MINUTES - CUISSON 10 MINUTES

ŒUFS À LA BASQUAISE

- 4 œufs
- 1 poivron vert
- 200 g de tomates cerises
- 1 petit oignon
- 60 g de chorizo
- 2 cuillerées à soupe d'huile d'olive

1. Nettoyer les légumes. Émincer l'oignon et le poivron. Couper le chorizo en rondelles et les tomates en deux.
2. Chauffer l'huile dans une poêle. Verser tous les légumes et le chorizo, assaisonner. Cuire 5 minutes en remuant.
3. Baisser le feu et casser les œufs. Couvrir et cuire tout doucement 5 minutes.

POUR 4 PERSONNES - PRÉPARATION 10 MINUTES - CUISSON 30 MINUTES

ŒUFS EN GRATIN

- 4 œufs
- 200 ml de crème fraîche
- 1 pincée de noix de muscade râpée
- 200 g de cantal
- ½ botte de ciboulette
- Sel, poivre

1. Préchauffer le four à 160 °C. Cuire les œufs durs pendant 9 minutes à l'eau bouillante. Les couper en deux et les mettre dans un plat allant au four.

2. Mélanger la crème avec un peu de sel, de poivre et de muscade râpée. Verser sur les œufs. Râper le fromage et en parsemer les œufs.

3. Enfourner 15 à 20 minutes jusqu'à ce que le dessus soit gratiné. Saupoudrer de ciboulette hachée.

POUR 4 PERSONNES - PRÉPARATION 2 MINUTES - CUISSON 10 MINUTES

ŒUFS AU PLAT À LA CRÈME

- 4 œufs
- 200 ml de crème épaisse
- Sel, poivre

1. Verser la crème dans une poêle, ajouter un peu de sel. Casser les œufs dans la crème froide.

2. Poser la poêle sur le feu moyen et faire cuire jusqu'à ce que le blanc des œufs soit presque pris pendant 5 minutes environ.

3. Retirer du feu et poser un couvercle ou un morceau de papier cuisson. La cuisson va se terminer en quelques minutes. Les blancs doivent être bien pris. Poivrer.

POUR 4 PERSONNES - PRÉPARATION 2 MINUTES - CUISSON 5 MINUTES

ŒUFS BROUILLÉS NATURE

- 12 œufs
- 75 g de beurre
- Sel

1. Battre les œufs et saler.

2. Faire fondre la moitié du beurre sur feu très doux dans une poêle. Verser les œufs dans la poêle et ajouter le reste de beurre coupé en petits morceaux.

3. Cuire en remuant les œufs avec une cuillère en bois pendant 2 à 5 minutes jusqu'à ce que les œufs soient pris à votre convenance.

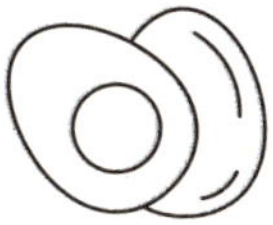

POUR 4 PERSONNES - PRÉPARATION 10 MINUTES - CUISSON 10 MINUTES

ŒUFS BROUILLÉS AUX TOMATES

- 8 œufs
- 40 g de beurre
- 1 gousse d'ail
- 3 tomates ou 200 ml de coulis de tomates
- 1 cuillerée à café de curry en poudre
- Sel, poivre

1. Frotter la poêle avec la gousse d'ail fendue en deux. Monder les tomates et les hacher.
2. Battre les œufs, ajouter les tomates et le curry. Saler et poivrer.
3. Faire fondre le beurre dans la poêle sur feu doux et ajouter les œufs.
4. Cuire doucement en remuant jusqu'à ce que les œufs soient pris à votre convenance.

POUR 4 PERSONNES - PRÉPARATION 15 MINUTES - CUISSON 25 MINUTES

CHAKCHOUKA VERTE

- 3 poireaux
- 3 courgettes
- 200 g de petits pois surgelés
- 4 œufs
- 2 cuillerées à soupe d'huile d'olive
- 1 petite botte de persil
- Sel, poivre

1. Couper les poireaux en deux, les laver et les couper en morceaux. Laver les courgettes et les couper en dés. Laver et hacher le persil grossièrement.

2. Faire chauffer l'huile d'olive dans une sauteuse, puis faire revenir les poireaux et les courgettes 5 minutes à feu moyen. Saler et poivrer. Ajouter les petits pois et poursuivre la cuisson 15 minutes à couvert. Ajouter un peu d'eau au besoin.

3. Casser les œufs sur les légumes, couvrir et cuire pendant 4 à 5 minutes.

4. Parsemer de persil juste avant de servir.

LODGE

POUR 4 PERSONNES - PRÉPARATION 15 MINUTES - CUISSON 40 MINUTES

PIPERADE

- 6 œufs
- 3 poivrons
- 1 oignon
- 3 gousses d'ail
- 3 tomates
- 4 cuillerées à soupe d'huile d'olive
- Sel, poivre

1. Éplucher l'oignon, laver et épépiner les poivrons, émincer l'oignon et les poivrons. Laver et couper les tomates en cubes. Éplucher et hacher l'ail.

2. Chauffer l'huile dans une poêle. Faire suer l'oignon 10 minutes. Ajouter les poivrons, assaisonner, cuire 10 minutes. Ajouter les tomates et l'ail, et cuire encore 15 minutes. Goûter, rectifier l'assaisonnement. Casser les œufs et cuire 1 minute, en remuant.

POUR 4 PERSONNES - PRÉPARATION 10 MINUTES - CUISSON 35 MINUTES

PATATES, LARDONS & ŒUFS

- 4 œufs
- 500 g de pommes de terre rattes
- 100 g de lardons fumés
- 200 ml de crème fraîche
- 1 oignon
- 2 brins de thym
- Sel, poivre

1. Éplucher et émincer l'oignon. Brosser les pommes de terre. Mettre tous les ingrédients sauf les œufs dans une cocotte. Ajouter 300 ml d'eau, 1 cuillerée à café de sel et 2 pincées de poivre moulu.

2. Laisser cuire pendant 30 minutes à couvert à feu moyen. Mélanger, le liquide doit être crémeux.

3. Casser les œufs dans la cocotte, couvrir et laisser cuire encore 5 minutes.

POUR 4 PERSONNES - PRÉPARATION 10 MINUTES - CUISSON 10 MINUTES

OMELETTE AU VERT

- 12 œufs
- 200 g de cresson, oseille ou pissenlit
- 75 g de beurre
- Sel, poivre

1. Rincer et couper les feuilles en lanières. Faire fondre la moitié du beurre dans une poêle et y faire « tomber » les feuilles 2 minutes.

2. Battre les œufs, assaisonner et ajouter les feuilles.

3. Faire fondre le reste de beurre dans la poêle sur feu assez fort. Ajouter les œufs, en garder 1. Quand le dessous est pris, faire couler l'œuf non cuit sur la surface de la poêle, puis plier l'omelette.

POUR 2 À 4 PERSONNES - PRÉPARATION 10 MINUTES - CUISSON 10 MINUTES

OMELETTE COMPLÈTE

- 6 œufs
- 3 cuillerées à soupe d'huile neutre
- 4 gros champignons de Paris
- 100 g de pousses d'épinard
- 80 g de cantal
- 2 tranches de jambon de pays

1. Nettoyer les champigons, les couper en quartiers. Laver les épinards. Râper le cantal. Couper le jambon en morceaux. Fouetter les œufs avec le cantal, poivrer.

2. Chauffer la moitié de l'huile dans une poêle. Faire revenir les champignons sur feu vif 4 minutes. Baisser le feu, ajouter les épinards, remuer.

3. Verser les œufs et cuire selon vos goûts en remuant de temps en temps. Hors du feu, ajouter le jambon.

POUR 2 PERSONNES - PRÉPARATION 15 MINUTES - CUISSON 10 MINUTES

FILET DE POULET À LA MOUTARDE

- 2 filets de poulet
- 2 cuillerées à soupe de moutarde
- 4 cuillerées à soupe de crème fraîche
- 300 g de haricots verts
- 2 cuillerées à soupe d'huile d'olive
- Sel

1. Faire cuire les haricots verts 6 à 7 minutes dans de l'eau bouillante salée. Égoutter.
2. Faire chauffer l'huile dans une poêle à feu moyen. Poser le poulet bien à plat et laisser dorer d'un côté, puis le retourner.
3. Baisser le feu, ajouter la crème et la moutarde puis mélanger et laisser cuire 10 minutes environ. Pour tester la cuisson, percer le filet avec la pointe d'un couteau : le jus qui sort ne doit pas être teinté de rouge.
4. Servir avec les haricots verts.

POUR 2 PERSONNES - PRÉPARATION 15 MINUTES - CUISSON 10 MINUTES

FILET DE DINDE À L'AVOCAT

- 2 filets de dinde bien fins
- 1 avocat
- Le jus de 1 citron vert
- Quelques gouttes de Tabasco®
- 2 cuillerées à soupe de crème fraîche
- 1 cuillerée à soupe d'huile d'olive
- Sel, poivre

1. Couper l'avocat en deux, retirer le noyau, prélever la chair, puis l'écraser à la fourchette. Ajouter un peu de jus de citron vert, quelques gouttes de Tabasco®, du sel et du poivre.

2. Faire chauffer l'huile dans une poêle à feu fort. Dorer la viande des 2 côtés pendant 10 minutes.

3. Baisser le feu au plus bas et ajouter l'avocat et la crème. Remuer et retirer tout de suite du feu (l'avocat ne doit pas cuire).

POUR 4 PERSONNES - PRÉPARATION 5 MINUTES - CUISSON 30 MINUTES - REPOS 10 MINUTES

RIZ, POULET & MOUTARDE

- 2 cuisses de poulet (500 g)
- 150 g de riz thaï
- 100 ml de crème épaisse
- 2 cuillerées à soupe de moutarde
- 1 oignon
- 1 cuillerée à soupe d'huile d'olive
- Sel, poivre

1. Éplucher et émincer l'oignon. Faire chauffer l'huile dans une casserole à feu moyen. Ajouter les cuisses de poulet et l'oignon. Faire cuire 5 minutes en remuant.

2. Ajouter le riz, remuer pendant 1 minute. Ajouter la moutarde, la crème, 1 cuillerée à café de sel, 2 pincées de poivre moulu et 300 ml d'eau. Remuer, laisser cuire 20 minutes à couvert.

3. Sortir du feu, remuer et laisser reposer 10 minutes à couvert.

POUR 4 PERSONNES - PRÉPARATION 15 MINUTES - CUISSON 30 MINUTES

CURRY DE POULET

- 500 g de filets de poulet
- 400 ml de lait de coco
- 1 oignon
- 400 g de carottes
- 2 cuillerées à soupe de curry en poudre
- 4 cuillerées à soupe de noix de coco râpée
- Sel, poivre

1. Couper le poulet en morceaux. Éplucher et émincer l'oignon. Éplucher et couper les carottes en rondelles.

2. Mettre tous les ingrédients dans une casserole sauf la noix de coco râpée. Ajouter 1 cuillerée à café de sel, 2 pincées de poivre moulu et 100 ml d'eau.

3. Laisser cuire à couvert 30 minutes. Servir avec la noix de coco râpée.

POUR 4 PERSONNES - PRÉPARATION 15 MINUTES - CUISSON 10 MINUTES

BURGER MAISON

- 2 buns
- 2 steaks hachés (300 g)
- 2 tranches de cantal
- 3 oignons nouveaux
- 1 cuillerée à soupe de bière brune
- 2 cuillerées à soupe d'huile de tournesol

1. Émincer les oignons, les faire dorer 6 minutes dans la moitié de l'huile (garder le vert de côté). Ajouter la bière et laisser réduire 2 minutes.

2. Faire cuire les steaks dans l'huile restante. À la fin de la cuisson, poser 1 tranche de fromage sur chaque steak et laisser fondre.

3. Couper les buns en deux et les faire griller sous le gril du four. Poser les steaks sur le pain grillé, ajouter les oignons cuits et le vert d'oignon cru, et refermer les burgers.

POUR 2 PERSONNES - PRÉPARATION 15 MINUTES - CUISSON 10 MINUTES

CLUB SANDWICH

- 4 tranches de pain
- ½ avocat
- 2 tranches de bacon
- 2 œufs
- 30 g de fromage à tartiner
- 1 trait de sauce Worcestershire

1. Mettre les œufs dans une casserole d'eau froide. Porter à ébullition et cuire 6 minutes à petits bouillons. Les rincer sous l'eau froide, les écaler et les couper en deux.

2. Éplucher l'avocat et le couper en tranches. Arroser de sauce Worcestershire et mélanger au fromage frais. Faire cuire le bacon dans une poêle.

3. Tartiner 2 tranches de pain de mélange fromage-avocat. Mettre un peu de sauce Worcestershire puis poser le bacon et 1 œuf. Fermer les sandwichs.

POUR 4 PERSONNES - PRÉPARATION 5 MINUTES - CUISSON 10 MINUTES

STEAK AU BLEU

- 2 steaks
- 100 g de fromage bleu
- 150 ml de crème fraîche
- 2 cuillerées à soupe d'huile d'olive
- Sel, poivre

1. Badigeonner la viande d'huile puis poivrer. Faire cuire les steaks dans une poêle bien chaude, à feu moyen, 2 minutes de chaque côté environ (selon l'épaisseur).

2. Retirer la viande, la saler et la couvrir d'une assiette. Essuyer la poêle avec du papier absorbant et la remettre sur feu doux. Faire fondre doucement le bleu et la crème. Laisser réduire un peu.

3. Verser la sauce sur la viande et servir avec des frites, par exemple.

WINCO

POUR 4 PERSONNES - PRÉPARATION 10 MINUTES - CUISSON 5 MINUTES

STEAK GRILLÉ À LA MOUTARDE

- 4 steaks de 200 g
- 2 brins de thym
- 4 pincées de piment d'Espelette
- 4 brins de persil plat
- 40 g de beurre salé
- 2 cuillerées à soupe de moutarde
- Sel, poivre

1. Saler et poivrer les steaks, ajouter le piment.

2. Faire chauffer le beurre dans une poêle et saisir les steaks 2 à 3 minutes de chaque côté à feu vif avec le thym en les arrosant de beurre de cuisson puis ajouter la moutarde.

3. Rincer et hacher grossièrement le persil et en parsemer les steaks.

POUR 4 PERSONNES - PRÉPARATION 15 MINUTES - CUISSON 15 MINUTES

CÔTES DE VEAU AU PESTO

- 4 côtes de veau
- 40 g de beurre
- 250 g de champignons de Paris
- 4 cuillerées à soupe de pesto

1. Retirer le pied des champignons, nettoyer et couper les chapeaux en deux ou en quatre. Faire chauffer 20 g de beurre dans une poêle et faire revenir les champignons 5 à 8 minutes.

2. Saisir les côtes de veau dans le reste de beurre dans une poêle 3 minutes de chaque côté.

3. Ajouter les champignons et le pesto. Mélanger et servir.

POUR 4 PERSONNES - PRÉPARATION 20 MINUTES - CUISSON 25 MINUTES

BOULETTES DE BŒUF

- 600 g de bœuf haché
- 1 ½ oignon
- 3 gousses d'ail
- 6 brins de persil plat
- 1 brin de thym
- 1 œuf
- 750 g de sauce tomate
- 1 boule de mozzarella
- 4 cuillerées à soupe d'huile d'olive

1. Préchauffer le four à 180 °C. Éplucher et émincer les oignons. Éplucher et hacher l'ail. Rincer et hacher finement le persil. Faire revenir les oignons et l'ail dans l'huile d'olive.

2. Saler et poivrer la viande hachée. Ajouter ⅓ des oignons et de l'ail, l'œuf battu et le persil haché. Former des boulettes.

3. Verser la sauce tomate sur les oignons restants, ajouter le thym et faire cuire 10 minutes. Ajouter les boulettes et la mozzarella coupée en tranches. Faire cuire 10 à 15 minutes au four.

POUR 4 PERSONNES - PRÉPARATION 15 MINUTES - CUISSON 35 MINUTES

MAQUEREAUX AU FOUR

- 4 maquereaux vidés
- 2 pommes de terre
- 2 bulbes de fenouil
- 1 oignon
- 2 cuillerées à soupe d'huile d'olive
- Sel, poivre

1. Préchauffer le four à 190 °C. Éplucher l'oignon et les pommes de terre. Les trancher finement, ainsi que le fenouil.

2. Faire cuire les pommes de terre 10 minutes dans de l'eau bouillante salée.

3. Ranger les pommes de terre au fond d'un plat allant au four et ajouter le fenouil et l'oignon. Saler, poivrer et arroser de 1 cuillerée d'huile.

4. Déposer les maquereaux, les arroser d'huile également et enfourner 25 minutes.

POUR 4 PERSONNES - PRÉPARATION 10 MINUTES - CUISSON 10 MINUTES

COCOTTE DE MOULES

- 3 litres de moules nettoyées
- 2 oignons
- 1 branche de céleri
- 150 ml de vin blanc sec
- 40 g de beurre
- 4 ou 5 brins de thym

1. Peler et émincer les oignons. Laver et émincer le céleri.

2. Faire fondre les oignons et le céleri avec le beurre 10 minutes dans une cocotte sur feu moyen à doux sans coloration.

3. Ajouter le vin et le thym. Verser les moules, couvrir et cuire à feu fort pendant 5 minutes environ jusqu'à ce que les moules soient ouvertes.

POUR 2 PERSONNES - PRÉPARATION 30 MINUTES - CUISSON 15 MINUTES

POISSON « PANÉ »

- 2 filets de colin
- 50 g de beurre
- 6 cuillerées à soupe de chapelure
- Le jus et le zeste de 1 citron
- Quelques brins d'herbes variées
- Sel, poivre

1. Préchauffer le four à 220 °C. Laver, sécher et hacher les herbes. Placer les filets de poisson dans un plat à four. Parsemer la chapelure, saler, poivrer et ajouter les herbes.

2. Faire fondre le beurre dans une casserole. Ajouter la moitié du jus de citron avec le zeste puis verser sur le poisson.

3. Enfourner 10 à 15 minutes selon l'épaisseur du poisson : le poisson doit se détacher facilement avec une fourchette tout en restant un peu ferme.

POUR 2 PERSONNES - PRÉPARATION 15 MINUTES

POISSON À LA TAHITIENNE

- 1 filet de saumon
- 150 ml de lait de coco
- 2 citrons verts
- ¼ de concombre
- 1 carotte
- Quelques tranches de pain ou crackers
- Sel, poivre

1. Presser 1 citron vert. Ôter les arêtes du poisson et le couper en dés. Les placer dans un plat creux, saler et poivrer. Verser le lait de coco et le jus de citron vert. Mélanger délicatement.

2. Éplucher et râper grossièrement le concombre et la carotte. Mélanger avec le poisson.

3. Goûter la marinade et rajouter un peu de jus de citron vert si nécessaire. Laisser reposer 30 minutes afin que le jus de citron « cuise » le poisson. Servir avec du pain.

POUR 4 PERSONNES - PRÉPARATION 10 MINUTES - CUISSON 15 MINUTES

POISSON EN PAPILLOTE

- 4 pavés de cabillaud
- 2 carottes
- 1 courgette
- 4 cuillerées à soupe d'huile d'olive
- 3 brins de persil plat
- Sel, poivre

1. Préchauffer le four à 180 °C. Éplucher les carottes, les tailler en tagliatelles avec un économe. Éplucher la courgette, la couper en fines rondelles. Faire blanchir les légumes dans une casserole d'eau bouillante salée. Égoutter.

2. Découper 4 carrés de papier cuisson. Poser les légumes puis le poisson. Saler et poivrer.

3. Arroser d'huile d'olive, refermer les papillotes et enfourner 10 à 15 minutes selon la cuisson souhaitée. Ouvrir les papillotes, parsemer de persil haché et poivrer.

POUR 2 PERSONNES - PRÉPARATION 25 MINUTES - CUISSON 15 MINUTES

CURRY VERT DE POISSON

- 2 filets de saumon
- 1 cuillerée à soupe de pâte de curry verte
- 300 ml de lait de coco
- ½ botte de coriandre
- 200 g d'épinards surgelés
- 1 cuillerée à soupe d'huile de tournesol

1. Couper le poisson en gros morceaux. Faire frire la pâte de curry pendant 30 secondes dans l'huile chaude dans une poêle à feu fort en remuant.

2. Ajouter le lait de coco et 1 grand verre d'eau. Porter à ébullition. Baisser le feu pour que le liquide frémisse doucement.

3. Ajouter le poisson et les légumes. Faire cuire 5 à 10 minutes.

4. Rincer la coriandre et parsemer quelques feuilles sur le curry. Servir avec du riz.

POUR 4 PERSONNES - PRÉPARATION 20 MINUTES - CUISSON 10 MINUTES

MOULES MARINIÈRE

- 2 litres de moules
- 100 ml de vin blanc sec
- 3 gousses d'ail
- 1 oignon
- 40 g de beurre
- 2 cuillerées à soupe d'huile d'olive
- 4 brins de persil plat
- 1 cuillerée à soupe de grains de poivre noir

1. Nettoyer et ébarber les moules. Rincer et hacher le persil. Éplucher et hacher l'oignon et l'ail.

2. Faire chauffer le beurre et l'huile d'olive dans un grand faitout, ajouter l'oignon et le faire fondre pendant 4 minutes. Ajouter le poivre et l'ail. Mélanger pendant 2 minutes. Verser le vin et le laisser s'évaporer 30 secondes.

3. Ajouter les moules, couvrir et les laisser s'ouvrir, 8 minutes environ. Ajouter le persil haché, mélanger rapidement et servir avec un peu de bouillon.

POUR 4 PERSONNES - PRÉPARATION 15 MINUTES

TABOULÉ LIBANAIS

- 100 g de semoule fine
- 2 bottes de persil
- 1 oignon
- 2 tomates bien mûres
- 60 ml d'huile d'olive
- 1 gros citron
- Sel, poivre

1. Laver le persil. Éplucher et ciseler l'oignon. Laver et couper les tomates en cubes.

2. Placer les tomates et l'oignon dans un saladier avec le jus de la tomate. Ajouter la semoule, le jus du citron et l'huile d'olive. Mélanger et réserver au frais quelques minutes.

3. Mixer grossièrement le persil au hachoir, ajouter à la semoule. Saler, poivrer et mélanger. Réserver 5 minutes au frais.

POUR 4 PERSONNES - PRÉPARATION 10 MINUTES - CUISSON 20 MINUTES

SALADE BETTERAVE RÔTIE

- 4 grosses betteraves
- 460 g de pois chiches cuits
- 1 concombre
- 2 cuillerées à café de sumac
- 2 cuillerées à soupe d'huile d'olive
- Sel

1. Éplucher les betteraves et les trancher en rondelles de 1,5 mm à la mandoline. Rincer et tailler le concombre en dés.

2. Préchauffer le four à 180 °C. Mélanger les betteraves avec 1 cuillerée à soupe d'huile et 1 cuillerée à café de sel. Les répartir entre 2 plaques tapissées de papier cuisson. Enfourner 20 minutes pour qu'elles deviennent croustillantes.

3. Mélanger tous les ingrédients dans un saladier.

POUR 4 PERSONNES - PRÉPARATION 10 MINUTES - CUISSON 25 MINUTES

SALADE MILLET & POIRE

- 200 g de millet
- 3 poires
- 1 petite botte de persil
- 2 cuillerées à soupe d'huile d'olive
- Sel, poivre

1. Retirer le trognon des poires et les hacher grossièrement. Effeuiller, rincer et hacher le persil.

2. Rincer le millet, le mettre dans une casserole à feu moyen-vif et le faire griller pendant 3 minutes, sans cesser de remuer. Verser 500 ml d'eau, 1 pincée de sel et porter à ébullition. Couvrir, réduire le feu et laisser mijoter 20 minutes. Retirer l'excédent d'eau et égrainer à l'aide d'une fourchette.

3. Rassembler le millet et tous les autres ingrédients, assaisonner et bien mélanger.

POUR 4 PERSONNES - PRÉPARATION 5 MINUTES - CUISSON 25 MINUTES

LENTILLES & NOIX

- 400 g de lentilles vertes
- 2 carottes
- 20 g de roquette
- 100 g de noix
- 2 cuillerées à soupe de sirop d'érable
- 2 cuillerées à soupe d'huile d'amande
- Sel, poivre

1. Éplucher et râper les carottes. Hacher les noix. Laver la roquette.
2. Cuire les lentilles comme indiqué sur le paquet. Égoutter.
3. Préchauffer le gril du four. Mélanger les carottes avec 1 pincée de sel et le sirop d'érable. Répartir sur une plaque tapissée de papier cuisson. Laisser sous le gril 10 minutes.
4. Mélanger les lentilles et les carottes avec le reste des ingrédients. Assaisonner.

POUR 4 PERSONNES - PRÉPARATION 20 MINUTES - CUISSON 30 MINUTES

LENTILLES & ORANGE

- 1 petite courge butternut
- 580 g de lentilles cuites
- 150 g de choux de Bruxelles
- 2 oranges de table
- 1 botte d'aneth
- 2 cuillerées à soupe d'huile d'olive
- Sel, poivre

1. Peler, égrainer et tailler la courge en dés de 2 cm. Nettoyer et émincer les choux de Bruxelles. Rincer et émincer l'aneth.

2. Préchauffer le four à 200 °C. Napper la courge d'huile, assaisonner et faire rôtir pendant 25 à 30 minutes.

3. Mélanger les lentilles aux choux de Bruxelles. Presser 1 orange et verser son jus par-dessus. Ajouter les suprêmes de l'orange restante, la courge rôtie et l'aneth puis verser un filet d'huile d'olive.

POUR 4 PERSONNES - PRÉPARATION 15 MINUTES - CUISSON 15 MINUTES

SALADE LENTILLES & CHORIZO

- 250 g de chorizo
- 800 g de lentilles vertes cuites
- 12 feuilles de chou kale
- 2 cuillerées à café de romarin séché
- 3 carottes
- Sel, poivre

1. Ôter la tige du chou kale, rincer et ciseler finement les feuilles. Éplucher et couper les carottes en tranches.

2. Dans une poêle sur feu moyen, faire revenir les carottes pendant 4 minutes. Ajouter le chorizo coupé en tranches de 5 mm et faire revenir 6 minutes supplémentaires.

3. Ajouter les lentilles égouttées, le chou kale finement ciselé et le romarin séché. Cuire 2 minutes. Saler et poivrer.

POUR 4 PERSONNES - PRÉPARATION 15 MINUTES - CUISSON 20 MINUTES - REPOS 30 MINUTES

QUINOA & POIS CHICHES

- 200 g de quinoa rouge et blanc
- 200 g de pois chiches cuits
- 2 brins de coriandre
- ½ oignon rouge
- 1 citron vert
- 1 cuillerée à café de miel
- 2 cuillerées à soupe d'huile d'olive
- Sel, poivre

1. Éplucher et émincer l'oignon. Presser le citron vert. Effeuiller et rincer la coriandre.
2. Faire griller le quinoa dans une casserole de taille moyenne, puis le faire cuire en suivant les instructions sur le paquet.
3. Émulsionner 4 cuillerées à soupe de jus de citron vert, l'huile d'olive et le miel dans un bol, assaisonner. Verser sur le quinoa, ajouter les pois chiches, l'oignon rouge et la coriandre puis mélanger. Laisser mariner 20 à 30 minutes.

POUR 6 PERSONNES - PRÉPARATION 10 MINUTES - REPOS 15 MINUTES

CONCOMBRE & POIS CHICHES

- 400 g de pois chiches cuits
- 1 concombre noa
- 6 brins de menthe
- 150 g de yaourt grec
- 2 cuillerées à soupe d'huile d'olive
- 1 pincée de cumin en poudre
- Sel, poivre

1. Laver et couper le concombre en rondelles. Effeuiller, rincer et ciseler la menthe.
2. Mélanger dans un saladier les pois chiches, les rondelles de concombre, le yaourt, la menthe ciselée, le cumin, l'huile d'olive et 1 pincée de sel et de poivre.
3. Laisser reposer 15 minutes au frais avant de servir.

POUR 4 PERSONNES - PRÉPARATION 10 MINUTES - CUISSON 5 MINUTES

HARICOTS ROUGES & VERTS

- 500 g de haricots verts
- 350 g de haricots rouges cuits
- 1 oignon nouveau
- 2 cuillerées à soupe de tahini
- 1 citron
- 1 botte de persil
- Sel, poivre

1. Laver et équeuter les haricots verts. Faire bouillir une casserole d'eau salée. Plonger les haricots verts et laisser cuire 5 minutes. Égoutter et laisser refroidir dans de l'eau glacée. Égoutter de nouveau.

2. Effeuiller, rincer et ciseler le persil. Laver, zester et presser le citron. Laver et émincer l'oignon nouveau.

3. Mélanger le tahini avec le jus et le zeste de citron, 2 pincées de sel et de poivre moulu et 4 cuillerées à soupe d'eau.

4. Mélanger dans un saladier les haricots verts, les haricots rouges, l'oignon nouveau émincé, le persil ciselé et la sauce au tahini.

POUR 4 PERSONNES - PRÉPARATION 5 MINUTES - CUISSON 20 MINUTES

SOUPE LENTILLES CORAIL & COCO

- 300 g de lentilles corail
- 300 g de pommes de terre
- 400 ml de lait de coco
- 1 gousse d'ail
- 50 g de concentré de tomates
- 1 cuillerée à soupe d'épices indiennes
- Sel, poivre

1. Éplucher et couper en dés les pommes de terre. Éplucher et émincer l'ail.
2. Mettre tous les ingrédients dans une casserole.
3. Ajouter 1 litre d'eau, 1 cuillerée à café de sel et 2 pincées de poivre moulu.
4. Laisser cuire 20 minutes à feu moyen en remuant régulièrement.

POUR 4 PERSONNES - PRÉPARATION 15 MINUTES

SALADE HARICOTS BLANCS & TOMATES

- 400 g de haricots blancs cuits
- 250 g de tomates cerises
- ½ oignon rouge
- 4 brins de persil
- 2 cuillerées à soupe de vinaigre de xérès
- 3 cuillerées à soupe d'huile d'olive
- Sel, poivre

1. Éplucher et émincer le demi-oignon. Laver et couper les tomates en deux. Effeuiller, rincer et hacher le persil. Mélanger le vinaigre et l'huile, assaisonner.

2. Mélanger tous les légumes, verser la sauce. Remuer, goûter et rectifier l'assaisonnement.

POUR 6 PERSONNES - PRÉPARATION 10 MINUTES - CUISSON 55 MINUTES

HARICOTS BLANCS AU CHORIZO

- 600 g de haricots blancs surgelés
- 200 g de chorizo
- 400 g de tomates concassées
- 2 gros oignons
- 1 cuillerée à soupe de curry en poudre
- 2 cuillerées à soupe d'huile de tournesol
- Sel

1. Éplucher et émincer les oignons. Couper le chorizo en rondelles. Les faire revenir 5 minutes dans l'huile avec les oignons émincés.

2. Ajouter le curry, les tomates et les haricots blancs encore surgelés. Verser de l'eau à hauteur (environ 500 ml). Couvrir à moitié et laisser mijoter 50 minutes à feu doux. Remuer de temps en temps. Saler en fin de cuisson. Goûter pour vérifier la cuisson et l'assaisonnement.

POUR 4 PERSONNES - PRÉPARATION 10 MINUTES - CUISSON 25 MINUTES

CURRY VEGGIE

- 250 g de lentilles corail
- 1 oignon
- 3 courgettes
- 2 cuillerées à soupe d'huile d'olive
- 200 ml de crème de coco
- 1 cuillerée à café de curry en poudre
- Sel, poivre

1. Éplucher l'oignon et le hacher finement. Laver les courgettes et les couper en dés.

2. Faire chauffer l'huile dans une casserole et faire revenir l'oignon pendant 2 minutes. Ajouter les courgettes et le curry, et poursuivre la cuisson 3 minutes à feu moyen. Saler et poivrer.

3. Ajouter les lentilles, couvrir d'eau et faire cuire à couvert 10 minutes à feu doux. Ajouter la crème de coco. Cuire 10 minutes. Servir aussitôt.

POUR 4 PERSONNES - PRÉPARATION 15 MINUTES - CUISSON 25 MINUTES

TAJINE VEGGIE

- 1 butternut
- 400 g de pois chiches cuits
- 2 citrons confits
- 1 oignon
- 2 cuillerées à café de ras el-hanout
- 2 cuillerées à soupe d'huile d'olive
- Sel, poivre

1. Éplucher et émincer l'oignon. Éplucher et couper la butternut en dés.

2. Chauffer l'huile dans une casserole et faire revenir l'oïgnon avec le ras el-hanout pendant 2 minutes. Ajouter la butternut et remuer 3 minutes sur feu vif.

3. Ajouter les pois chiches et les citrons confits coupés en quartiers. Ajouter 1 verre d'eau. Saler et poivrer. Couvrir et cuire 20 minutes.

4. Servir bien chaud avec de la semoule par exemple.

POUR 4 PERSONNES - PRÉPARATION 15 MINUTES - CUISSON 45 MINUTES

POTÉE DE CHOU

- 1 petit chou vert
- 2 carottes
- 4 navets
- 1 gros poireau
- 1 saucisse de Morteau
- 450 g de haricots blancs surgelés

1. Éplucher les légumes. Couper le chou en quartiers, et les autres légumes en deux ou en quatre selon leur taille.
2. Dans une cocotte, déposer le chou, les haricots, les navets, les carottes et la saucisse. Mouiller à hauteur. Assaisonner et cuire 30 minutes à petite ébullition.
3. Ajouter le poireau, poursuivre la cuisson 15 minutes.
4. Couper la saucisse en tranches avant de servir.

POUR 4 PERSONNES - PRÉPARATION 10 MINUTES - CUISSON 10 MINUTES

COCOTTE COMPLÈTE

- 8 chipolatas
- 600 g de haricots blancs cuits
- 250 g de tomates cerises
- 1 brocoli
- 3 cuillerées à soupe d'huile d'olive
- 4 gousses d'ail

1. Préchauffer le gril du four. Nettoyer les légumes. Couper les fleurettes du brocoli en deux ou en quatre. Presser l'ail. Rincer et égoutter les haricots.

2. Cuire les chipolatas 10 minutes sur une plaque.

3. Chauffer l'huile dans une sauteuse, dorer l'ail puis ajouter le brocoli, les tomates et 50 ml d'eau. Assaisonner, cuire 5 minutes. Verser les haricots. Remuer et cuire 2 à 3 minutes. Servir avec les chipolatas.

POUR 4 PERSONNES - PRÉPARATION 5 MINUTES - CUISSON 40 MINUTES

LENTILLES & SAUCISSE

- 350 g de lentilles vertes
- 200 g de lard fumé
- 2 saucisses de Montbéliard
- 2 gousses d'ail
- 1 oignon
- 2 feuilles de laurier
- Sel, poivre

1. Éplucher et émincer l'oignon et l'ail. Mettre tous les ingrédients dans une casserole.
2. Ajouter 700 ml d'eau, 1 cuillerée à café de gros sel et 2 pincées de poivre moulu.
3. Laisser cuire 40 minutes sur feu moyen à couvert.

POUR 4 PERSONNES - PRÉPARATION 5 MINUTES - CUISSON 25 MINUTES

BOL LENTILLES & PESTO

- 300 g de lentilles vertes
- 250 g d'olives vertes dénoyautées
- 100 g de noix
- 1 grosse botte de basilic
- 125 ml d'huile d'olive
- Sel, poivre

1. Rincer les lentilles et les mettre dans une casserole avec 1 litre d'eau. Ajouter 1 pincée de sel et porter à ébullition. Réduire le feu et laisser cuire 25 minutes. Égoutter et laisser refroidir.

2. Effeuiller et rincer le basilic. Hacher les olives, le basilic et les noix dans le bol d'un robot jusqu'à l'obtention d'une pâte grossière. Verser l'huile d'olive et mixer brièvement pour mélanger le tout.

3. Napper les lentilles de pesto et assaisonner.

POUR 4 PERSONNES - PRÉPARATION 10 MINUTES - CUISSON 15 MINUTES

CURRY DE POIS CHICHES

- 300 g de patate douce
- 400 g de pois chiches cuits
- 350 g d'épinards
- 1 gros oignon
- 500 ml de lait de coco
- 2 cuillerées à soupe rases de curry en poudre
- Sel, poivre

1. Éplucher et émincer l'oignon. Éplucher et couper la patate douce en morceaux réguliers. Laver les épinards.

2. Dans une cocotte, mélanger le lait de coco avec le curry et 1 cuillerée à café de sel. Ajouter l'oignon émincé et la patate douce. Couvrir et cuire 8 minutes.

3. Ajouter les pois chiches et les épinards. Poursuivre la cuisson 3 minutes à couvert. Mélanger, goûter et rectifier l'assaisonnement au besoin.

POUR 4 PERSONNES - PRÉPARATION 10 MINUTES - CUISSON 15 MINUTES

PÂTES AUX HARICOTS

- 400 g de farfalles
- 800 g de haricots blancs cuits
- 300 g de pousses d'épinard
- 4 petites gousses d'ail
- 1 cuillerée à café de paprika fumé
- 3 cuillerées à soupe d'huile d'olive

1. Éplucher et émincer l'ail. Laver les épinards.
2. Faire cuire les pâtes dans une casserole d'eau salée pendant 10 minutes. Réserver 60 ml d'eau de cuisson puis égoutter. Maintenir au chaud.
3. Faire frire l'ail dans l'huile chaude dans une casserole pendant 1 minute jusqu'à ce qu'il soit doré. Retirer à l'aide d'une écumoire.
4. Ajouter le paprika et les haricots et laisser chauffer 2 minutes. Ajouter les pâtes chaudes, les pousses d'épinard et l'eau de cuisson réservée. Bien mélanger et assaisonner. Garnir d'ail frit.

POUR 4 PERSONNES - PRÉPARATION 10 MINUTES - CUISSON 20 MINUTES

RIZ AUX LENTILLES

- 200 g de lentilles vertes
- 200 g de riz basmati
- 2 gros oignons
- 1 cuillerée à soupe de garam masala
- ½ botte de coriandre
- 6 cuillerées à soupe d'huile d'olive
- Sel

1. Cuire les lentilles avec 2 fois leur volume d'eau 10 minutes à petite ébullition. Ajouter le riz, le garam masala et mouiller avec 1,5 fois le volume du riz. Couvrir et cuire à feu doux jusqu'à absorption complète de l'eau. Remuer de temps en temps. Ajouter un peu d'eau au besoin.

2. Éplucher et émincer les oignons. Les faire frire dans l'huile. Verser dans le riz avec l'huile. Ajouter 1 cuillerée à café de sel, mélanger et parsemer la coriandre hachée.

POUR 4 PERSONNES - PRÉPARATION 5 MINUTES - TREMPAGE 1 NUIT - CUISSON 1 H 45

HARICOTS AU FOUR

- 500 g de haricots blancs secs
- 1 tête d'ail
- 150 g de lard
- 4 brins de thym
- 3 feuilles de laurier
- 1 cube de bouillon de poule
- Poivre

1. La veille, tremper les haricots dans de l'eau.

2. Préchauffer le four à 210 °C. Égoutter les haricots, les déposer dans un plat à gratin. Poser dessus la tête d'ail coupée en deux, le thym, le laurier et les tranches de lard.

3. Diluer le cube de bouillon dans 1 litre d'eau chaude et verser sur les haricots. Couvrir de papier d'aluminium et enfourner 1 h 45. Surveiller le niveau du liquide. Poivrer avant de servir.

POUR 4 PERSONNES - PRÉPARATION 5 MINUTES - CUISSON 40 MINUTES

COCOTTE BLETTE & LENTILLES

- 200 g de lentilles vertes
- 750 g de blettes
- 400 g de tomates concassées
- 1 oignon
- 2 gousses d'ail
- 2 cuillerées à soupe d'huile d'olive

1. Nettoyer et émincer les blettes. Éplucher et émincer l'oignon. Éplucher et hacher l'ail.
2. Faire revenir l'oignon dans une cocotte avec l'huile d'olive pendant 5 minutes sur feu doux.
3. Ajouter les blettes, les lentilles, les tomates, l'ail haché, 2 pincées de sel et de poivre moulu et 500 ml d'eau.
4. Laisser cuire 35 minutes à couvert. Servir chaud.

POUR 4 PERSONNES - PRÉPARATION 10 MINUTES - CUISSON 30 MINUTES

COCOTTE LARDONS & POIREAU

- 250 g de blé précuit
- 100 g de lardons
- 1 poireau
- 1 cube de bouillon de légumes
- 200 ml de crème liquide
- 1 petite botte de persil
- Sel, poivre

1. Laver et émincer le poireau. Effeuiller, rincer et ciseler le persil.
2. Mettre tous les ingrédients dans une casserole. Ajouter 500 ml d'eau, 1 cuillerée à café de sel et 2 pincées de poivre moulu.
3. Porter à ébullition puis laisser cuire 20 minutes à feu moyen en remuant régulièrement.

POUR 4 PERSONNES - PRÉPARATION 5 MINUTES - CUISSON 30 MINUTES

COURGETTE & POIS CHICHES

- 2 courgettes
- 400 g de pois chiches cuits
- 250 g de tomates
- 2 pommes de terre
- 1 cuillerée à soupe d'épices à couscous
- 1 petite botte de coriandre
- Sel, poivre

1. Laver les légumes. Couper les courgettes en cubes, les tomates en quartiers et les pommes de terre en dés. Effeuiller, rincer et ciseler la coriandre.

2. Mettre tous les ingrédients dans une casserole. Réserver la moitié de la coriandre. Ajouter 500 ml d'eau, 1 cuillerée à café de sel et 2 pincées de poivre moulu.

3. Laisser cuire pendant 30 minutes à couvert, à feu moyen. Servir avec le reste de coriandre.

POUR 4 PERSONNES - PRÉPARATION 10 MINUTES - CUISSON 30 MINUTES

LENTILLES, BOULGOUR & OLIVES

- 150 g de lentilles vertes
- 150 g de boulgour
- 350 g de brocoli
- 150 g d'olives vertes
- 1 oignon
- 4 brins de basilic
- Sel

1. Éplucher et émincer l'oignon. Laver le brocoli, détacher les fleurettes. Effeuiller et rincer le basilic.

2. Faire bouillir 1,25 litre d'eau. Verser les lentilles et l'oignon, et laisser cuire 25 minutes sur feu doux.

3. Ajouter les olives, le brocoli, le boulgour et 1 pincée de sel. Laisser cuire 5 minutes. Toute l'eau doit être évaporée.

4. Servir avec un filet d'huile au choix et le basilic ciselé.

POUR 4 À 8 PERSONNES - PRÉPARATION 15 MINUTES - CUISSON 45 MINUTES

POMMES AU FOUR

- 8 pommes acides et fondantes (reine des reinettes)
- 60 g de beurre mou
- 1 cuillerée à soupe de sucre
- 1 bonne pincée de cannelle
- 2 cuillerées à soupe de raisins secs (facultatif)

1. Préchauffer le four à 190 °C.
2. Mélanger le beurre avec le sucre, la cannelle et les raisins secs.
3. Laver les pommes et retirer le trognon avec un petit couteau pointu ou un vide-pomme.
4. Les ranger dans un plat allant au four et fourrer la cavité avec le mélange. Verser 100 ml d'eau au fond du plat et cuire 40 à 45 minutes.

POUR 1 GROS POT - PRÉPARATION 10 MINUTES - CUISSON 10 MINUTES

CONFIT DE FRAISES

- 500 g de fraises
- 350 g de sucre
- Le jus de ¼ de citron

1. Équeuter les fraises et les couper en morceaux si elles sont grosses.

2. Les mettre dans une casserole avec le sucre et le jus de citron. Porter à ébullition en remuant sans cesse. Enlever l'écume qui se forme à la surface avec une cuillère.

3. Cuire en remuant pendant 5 minutes. Verser dans un pot et laisser refroidir.

POUR 6 PERSONNES - PRÉPARATION 20 MINUTES - CUISSON 45 MINUTES

TARTE AUX POMMES

- 1 kg de pommes gala
- 1 pâte brisée
- 50 g de beurre salé
- 2 sachets de sucre vanillé

1. Préchauffer le four à 180 °C. Peler les pommes et les trancher en fines lamelles.
2. Étaler la pâte brisée dans un moule à tarte, répartir harmonieusement les lamelles de pomme.
3. Parsemer de petits morceaux de beurre et saupoudrer de sucre vanillé.
4. Enfourner 45 minutes.

POUR 4 PERSONNES - PRÉPARATION 10 MINUTES - CUISSON 30 MINUTES

POMMES CONFITES

- 8 petites pommes
- 100 g de sucre
- 100 g de beurre salé
- 1 gousse de vanille

1. Éplucher les pommes. Couper le beurre en petits morceaux. Fendre la gousse de vanille et gratter les graines.
2. Mettre tous les ingrédients dans une casserole, ajouter 50 ml d'eau.
3. Laisser cuire 30 minutes à couvert à feu moyen.
4. Servir chaud ou tiède.

POUR 4 PERSONNES - PRÉPARATION 10 MINUTES - CUISSON 45 MINUTES

POIRES POCHÉES AU VIN

- 4 poires
- 500 ml de vin rouge
- 2 cuillerées à soupe de sucre
- 1 bâton de cannelle
- 1 étoile de badiane
- 2 clous de girofle

1. Éplucher et évider les poires. Mettre tous les ingrédients dans une casserole, ajouter 250 ml d'eau.
2. Laisser cuire 45 minutes à couvert à feu doux. Tourner régulièrement les poires.
3. Laisser refroidir à température ambiante puis au réfrigérateur.

POUR 4 PERSONNES - PRÉPARATION 20 MINUTES - CUISSON 40 MINUTES

TARTE RUSTIQUE AUX ABRICOTS

- 250 g de pâte brisée
- 10 abricots
- 90 g de sucre
- 1 œuf
- 1 cuillerée à soupe de semoule fine

1. Préchauffer le four à 190 °C. Laver les abricots, les couper en deux et retirer le noyau.

2. Poser la pâte sur une plaque allant au four. Séparer le blanc du jaune d'œuf et battre rapidement le jaune.

3. Badigeonner le fond de pâte avec du jaune d'œuf, en laissant un bord de 5 cm environ, et saupoudrer de semoule. Disposer les moitiés d'abricot et saupoudrer des trois quarts du sucre environ.

4. Replier les bords de pâte sur les fruits. Badigeonner les rebords de blanc d'œuf et saupoudrer du sucre restant. Enfourner 35 à 40 minutes.

POUR 4 PERSONNES - PRÉPARATION 10 MINUTES - CUISSON 6 MINUTES

PAIN PERDU

- 8 tranches de pain de mie ou de brioche
- 3 œufs
- 50 g de sucre
- 500 ml de lait entier
- 40 g de beurre
- 1 cuillerée à café d'extrait de vanille liquide

1. Fouetter les œufs, le sucre et la vanille puis ajouter le lait.
2. Tremper les tranches de pain une à une dans le mélange.
3. Faire chauffer le beurre dans une poêle et faire dorer les tranches 2 à 3 minutes de chaque côté.
4. Servir avec du miel ou du sirop d'érable.

POUR 4 PERSONNES - PRÉPARATION 15 MINUTES - CUISSON 15 MINUTES

OMELETTE SOUFFLÉE À LA CONFITURE

- 12 œufs
- 50 g de beurre
- 4 cuillerées à soupe de crème fraîche
- 4 cuillerées à soupe de confiture
- 1 pincée de sel

1. Séparer les blancs des jaunes d'œufs. Monter les blancs en neige ferme.
2. Battre les jaunes avec la crème et 1 pincée de sel et incorporer délicatement les blancs.
3. Faire fondre le beurre sur feu assez fort dans une grande poêle. Lorsqu'il ne mousse plus, baisser le feu et verser les œufs.
4. Tourner la poêle pour répartir le mélange. Faire cuire jusqu'à ce que les œufs soient bien pris. Garnir de confiture et plier.

POUR 2 À 3 PERSONNES - PRÉPARATION 25 MINUTES - REPOS 1 NUIT

GÂTEAU CHOCO SANS CUISSON

- 50 g de galettes bretonnes
- 100 g de cacao en poudre
- 50 g de sucre
- 1 œuf
- 100 g de beurre
- 100 g de poudre d'amandes

1. Sortir le beurre 1 à 2 heures avant pour qu'il soit mou. Beurrer un moule carré ou rectangulaire de 18 cm. Hacher les biscuits au couteau.

2. Mélanger le beurre mou, le cacao et la poudre d'amandes. Ajouter le sucre, 1 cuillerée à soupe d'eau et l'œuf. Bien mélanger. Ajouter les morceaux de biscuits.

3. Verser dans le moule, lisser et laisser 1 nuit au réfrigérateur.

4. Couper en tranches très fines.

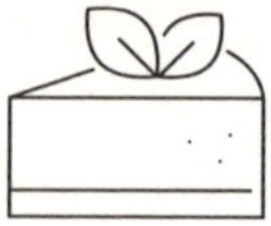

POUR 4 PERSONNES - PRÉPARATION 15 MINUTES - CUISSON 15 MINUTES

COULANT AU CHOCOLAT

- 4 œufs
- 160 g de sucre
- 100 g de beurre
- 160 g de chocolat noir 70 %
- 2 cuillerées à soupe de farine

1. Préchauffer le four à 180 °C. Fouetter les œufs avec le sucre.

2. Faire fondre le beurre et le chocolat coupé en morceaux dans une casserole à feu doux. Verser le chocolat fondu sur la préparation aux œufs, ajouter la farine et mélanger.

3. Beurrer un moule à manqué et chemiser avec un peu de sucre. Verser la pâte dans le moule. Enfourner 15 minutes. Servir chaud, avec une boule de glace à la vanille.

POUR 4 PERSONNES - PRÉPARATION 20 MINUTES - REPOS 2 HEURES

MOUSSE AU CHOCOLAT

- 180 g de chocolat noir
- 4 œufs
- 60 g de sucre
- 1 pincée de sel

1. Séparer les blancs des jaunes d'œufs. Faire fondre le chocolat au bain-marie. Laisser tiédir, puis incorporer les jaunes d'œufs à l'aide d'une spatule en faisant des mouvements concentriques.

2. Monter les blancs d'œufs en neige ferme avec 1 pincée de sel. Verser le sucre en continuant de fouetter. Incorporer les blancs dans le chocolat en 2 fois en veillant à ne pas les casser.

3. Répartir la mousse dans des ramequins et placer 2 heures au réfrigérateur.

POUR 4 PERSONNES - PRÉPARATION 10 MINUTES - CUISSON 1 HEURE

RIZ AU LAIT

- 100 g de riz à risotto
- 1 litre de lait entier
- 90 g de sucre
- 1 gousse de vanille
- Amandes effilées grillées
- Caramel

1. Verser le lait dans une casserole, ajouter la vanille. Porter à ébullition, ajouter le riz et faire cuire pendant 45 minutes à 1 heure à feu doux, en mélangeant souvent.

2. Ajouter le sucre, mélanger et retirer la gousse de vanille.

3. Parsemer d'amandes effilées grillées et napper de caramel selon les goûts.

POUR 4 PERSONNES - PRÉPARATION 5 MINUTES - CUISSON 10 MINUTES

SEMOULE AU LAIT

- 500 ml de lait
- 4 cuillerées à soupe de semoule fine
- 1 cuillerée à soupe de sucre

1. Faire chauffer le lait. Quand il bout, retirer du feu, verser la semoule en pluie et bien mélanger. Ajouter le sucre.

2. Remettre sur feu plus doux et remuer sans cesse jusqu'à ce que la semoule épaississe.

3. Servir sans attendre avec 1 cuillerée de confiture ou verser dans des bols et laisser refroidir.

POUR 4 PERSONNES - PRÉPARATION 15 MINUTES - CUISSON 30 MINUTES

SHORTBREAD

- 200 g de farine
- 40 g de sucre
- 125 g de beurre doux ou salé

1. Préchauffer le four à 170 °C. Mélanger la farine et le sucre, ajouter le beurre coupé en morceaux et mélanger du bout des doigts pour sabler le mélange.

2. Presser la pâte dans un moule à tarte. Tracer des lignes avec la pointe d'un couteau pour pouvoir découper le shortbread plus facilement.

3. Enfourner 20 à 30 minutes jusqu'à ce que le shortbread soit à peine doré. Laisser tiédir puis démouler et couper.

POUR 4 PERSONNES - PRÉPARATION 15 MINUTES - REPOS 40 MINUTES - CUISSON 10 MINUTES

PALMIERS

- 4 pâtes feuilletées
- 2 cuillerées à soupe de cassonade
- 1 cuillerée à soupe de cannelle
- 1 jaune d'œuf

1. Superposer les pâtes (sans les papiers) et presser avec un rouleau à pâtisserie. Couper les bords pour obtenir des carrés. Saupoudrer de cassonade et de cannelle. Rouler 2 côtés vers le centre. Placer 30 minutes au congélateur.

2. Délayer le jaune d'œuf avec 1 cuillerée à soupe d'eau. Couper le rouleau en tranches fines et les disposer sur une plaque garnie de papier cuisson. Badigeonner de jaune d'œuf. Remettre 10 minutes au congélateur. Préchauffer le four à 210 °C et enfourner 10 minutes.

POUR 20 SABLÉS - PRÉPARATION 10 MINUTES - REPOS 30 MINUTES - CUISSON 10 MINUTES

SABLÉS

- 2 pâtes sablées
- Sucre glace

1. Découper des formes dans la pâte à l'aide d'un emporte-pièce ou d'un verre.
2. Ranger les sablés sur une plaque recouverte de papier cuisson. Placer 30 minutes au réfrigérateur.
3. Préchauffer le four à 180 °C puis enfourner les sablés 10 minutes jusqu'à ce qu'ils soient dorés.
4. Saupoudrer de sucre glace.

POUR 4 PERSONNES - PRÉPARATION 10 MINUTES - CUISSON 40 MINUTES

QUATRE-QUARTS

- 220 g de farine
- 200 g de beurre mou
- 200 g de sucre
- 4 œufs
- 1 sachet de levure chimique

1. Préchauffer le four à 180 °C. Beurrer et fariner un moule à cake ou à manqué.

2. Fouetter le beurre et le sucre. Ajouter les œufs un à un tout en fouettant puis ajouter la farine et la levure.

3. Verser dans le moule et faire cuire 40 minutes. Au bout de 15 minutes, baisser le four à 150 °C. Vérifier la cuisson avec une pique en bois.

POUR 4 PERSONNES - PRÉPARATION 10 MINUTES - CUISSON 40 MINUTES

GÂTEAU AU YAOURT

- 1 yaourt
- 3 pots de yaourt de farine
- 2 pots de yaourt de cassonade
- 150 g de beurre
- 3 œufs
- 1 sachet de levure chimique

1. Préchauffer le four à 180 °C. Beurrer et fariner un moule à cake.
2. Faire fondre le beurre. Fouetter tous les ingrédients. Verser dans le moule et enfourner 40 minutes.

POUR 6 PERSONNES - PRÉPARATION 15 MINUTES - CUISSON 50 MINUTES

CARROT CAKE

- 400 g de carottes
- 300 g de farine à levure incorporée
- 200 g de cassonade
- 4 œufs
- 100 ml d'huile de tournesol
- 2 cuillerées à café de mélange d'épices pour pain d'épices

1. Préchauffer le four à 180 °C. Éplucher et râper les carottes.

2. Mélanger la farine, la cassonade, 1 pincée de sel et les épices. Incorporer l'huile et les carottes. Ajouter les œufs un à un.

3. Huiler et fariner un moule à cake, y verser la pâte et enfourner 50 minutes.

4. Laisser tiédir avant de démouler. Envelopper dans du film alimentaire pour éviter que le cake ne se dessèche.

POUR 6 PERSONNES - PRÉPARATION 10 MINUTES - CUISSON 45 MINUTES

BANANA BREAD À LA CANNELLE

- 4 bananes bien mûres
- 210 g de farine à levure incorporée
- 80 g de cassonade
  + 2 cuillerées à soupe
- 110 g de beurre salé mou
- 2 œufs
- 1 cuillerée à café de cannelle

1. Fouetter le beurre avec 80 g de cassonade. Ajouter les œufs, la farine, la cannelle et 3 bananes écrasées.
2. Verser dans un moule beurré et tapissé de cassonade. Couper la dernière banane en deux dans la longueur et la poser sur le dessus. Saupoudrer avec 2 cuillerées à soupe de cassonade.
3. Enfourner 45 minutes. Attendre que le gâteau soit tiède pour démouler.

POUR 4 PERSONNES - PRÉPARATION 5 MINUTES - CUISSON 5 MINUTES

BANANES CARAMÉLISÉES

- 4 bananes
- 8 cuillerées à soupe de cassonade ou miel
- 40 g de beurre

1. Couper les bananes en deux dans le sens de la longueur sans les éplucher. Saupoudrer chaque demi-banane de 1 cuillerée à soupe de cassonade ou la badigeonner de 1 cuillerée à soupe de miel.

2. Faire chauffer le beurre dans une grande poêle. Ajouter les bananes et les faire caraméliser à feu moyen-vif pendant 3 à 5 minutes.

3. Servir avec une boule de glace, par exemple.

POUR 4 PERSONNES - PRÉPARATION 10 MINUTES - CUISSON 50 MINUTES

FAR AUX PRUNEAUX

- 250 g de pruneaux
- 4 œufs
- 125 g de farine
- 100 g de sucre
- 500 ml de lait
- 30 g de beurre demi-sel
- 2 cuillerées à soupe de rhum ou thé noir chaud

1. Préchauffer le four à 180 °C. Faire tremper les pruneaux dans le rhum ou le thé le temps de préparer le reste.

2. Beurrer un moule rectangulaire. Faire fondre le beurre restant. Fouetter les œufs et le sucre jusqu'à ce que le mélange devienne plus clair. Ajouter le lait, puis la farine et le beurre fondu.

3. Disposer les pruneaux dans le moule, verser la pâte et enfourner 50 minutes.

POUR 4 PERSONNES - PRÉPARATION 15 MINUTES - CUISSON 45 MINUTES - REPOS 1 NUIT

FLAN PÂTISSIER

- 1 litre de lait entier
- 250 ml de crème liquide
- 2 œufs + 4 jaunes
- 2 gousses de vanille
- 70 g de fécule de maïs
- 4 cuillerées à soupe de sirop de coco

1. Préchauffer le four à 180 °C. Faire bouillir 800 ml de lait et la crème avec les gousses de vanille fendues et grattées. Laisser infuser 20 minutes.

2. Battre 2 œufs et 4 jaunes puis ajouter 200 ml de lait, le sirop de coco et la fécule. Jeter les gousses de vanille et verser le lait sur les œufs.

3. Remettre le tout dans la casserole et faire cuire à feu très doux 6 à 7 minutes, en remuant.

4. Verser la préparation dans un moule à manqué de 22 cm de diamètre et enfourner 45 minutes. Laisser refroidir et placer 1 nuit au réfrigérateur.

POUR 4 PERSONNES - PRÉPARATION 10 MINUTES - REPOS 2 HEURES

ICE CREAM SANDWICHS

- 1 litre de glace au choix
- 16 sablés fins

1. Faire ramollir la glace pendant 10 minutes. L'assouplir à l'aide d'une spatule sans la faire fondre.

2. Tartiner la moitié des sablés d'une bonne couche de glace et recouvrir avec les biscuits restants. Remettre au congélateur au fur et à mesure et laisser prendre 2 heures environ.

POUR 1 OU 2 PERSONNES - PRÉPARATION 5 À 10 MINUTES

GLACE VANILLE CUSTOMISÉE

- Glace à la vanille
- 100 g de Toblerone®
- 15 g de beurre
- 50 g de crème fraîche

1. Casser le Toblerone® en morceaux, le mettre dans un bol et le faire fondre quelques minutes au four à micro-ondes.
2. Ajouter le beurre et la crème puis mélanger.
3. Servir la sauce sur la glace.

POUR 4 PERSONNES - PRÉPARATION 10 MINUTES - CUISSON 40 MINUTES - REPOS 2 HEURES

RIZ AU LAIT COCO

- 150 g de riz dessert
- 400 ml de lait de coco
- 80 g de sucre
- 40 g de sésame grillé
- 1 mangue

1. Mettre le riz, le lait de coco et le sucre dans une cocotte, ajouter 800 ml d'eau. Mettre à feu fort.
2. Dès l'ébullition, mélanger, passer à feu doux, couvrir (en intercalant une cuillère en bois entre le couvercle et la cocotte) et laisser cuire 40 minutes sans remuer.
3. Bien fermer la cocotte et laisser refroidir puis placer 2 heures au frais.
4. Servir avec les graines de sésame et des morceaux de mangue.

POUR 2 PERSONNES - PRÉPARATION 20 MINUTES

BANANA SPLIT

- 2 bananes
- 100 g de chocolat noir
- 400 ml de crème liquide entière
- 2 boules de glace à la vanille
- 2 boules de glace au chocolat
- 2 boules de glace à la fraise
- Amandes effilées grillées

1. Râper le chocolat. Faire chauffer 200 ml de crème dans une casserole. Juste avant l'ébullition, ôter du feu, ajouter le chocolat et remuer pour lisser.

2. Éplucher les bananes et les fendre en deux. Monter la crème restante en chantilly.

3. Poser 1 banane sur une assiette, disposer 1 boule de chaque glace le long de la banane. Garnir de crème fouettée et arroser de sauce chocolat. Parsemer d'amandes effilées grillées.

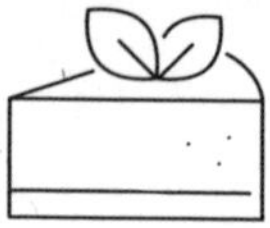

POUR 6 PERSONNES - PRÉPARATION 20 MINUTES - CUISSON 1 H 05

CARRÉS AU CITRON

- 2 œufs
- 120 g de farine
- 140 g de sucre
- 65 g de beurre + pour le moule
- 4 citrons
- 30 g de sucre glace

1. Préchauffer le four à 160 °C. Beurrer un moule carré de 22 cm de côté.

2. Mélanger 75 g de farine et 1 cuillerée à soupe de sucre. Ajouter 65 g de beurre coupé en dés. Frotter du bout des doigts pour obtenir une pâte. L'étaler dans le moule. Enfourner 20 minutes.

3. Presser les citrons. Fouetter les œufs et 125 g de sucre. Ajouter 80 ml de jus de citron et 3 cuillerées à soupe de farine tamisée. Fouetter.

4. Verser le mélange au citron sur la pâte et enfourner 35 minutes à 150 °C. Laisser refroidir et couper en tranches. Saupoudrer de sucre glace et découper en carrés.

POUR 6 PERSONNES - PRÉPARATION 25 MINUTES - CUISSON 45 MINUTES

GÂTEAU FACILE AUX POIRES

- 4 poires
- 130 g de beurre + pour le moule
- 3 œufs
- 90 g de sucre
- 125 g de farine
- 2 cuillerées à soupe de noix de coco râpée
- 1 pincée de sel

1. Préchauffer le four à 180 °C. Beurrer un moule peu profond. Faire fondre 130 g de beurre.

2. Fouetter les œufs, le sucre et le sel. Ajouter le beurre fondu et la farine.

3. Couper les poires en deux, retirer le trognon.

4. Verser un peu de pâte dans le fond du moule, poser les fruits dessus, côté coupé vers le fond, et verser la pâte restante. Enfourner 35 à 45 minutes : le dessus doit être doré. Parsemer la noix de coco râpée à la sortie du four.

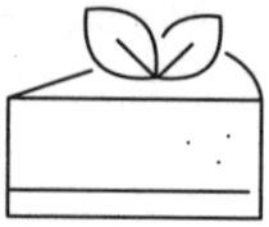

POUR 4 PERSONNES - PRÉPARATION 30 MINUTES - REPOS 1 NUIT

CHEESECAKE

- 150 g de sablés bretons
- 400 g de fromage blanc
- 1 citron
- 50 g de beurre
- 170 g de lait concentré sucré

1. Réduire les biscuits en miettes. Faire fondre le beurre. Retirer du feu et ajouter les miettes de biscuits. Bien mélanger. Tasser le mélange dans le fond d'un moule rond de 18 cm de diamètre ou carré de 20 cm de côté.

2. Râper finement le zeste du citron et le presser.

3. Mélanger le fromage blanc avec un peu de jus de citron et de lait concentré. Goûter et ajouter progressivement du lait concentré et du jus de citron jusqu'à obtenir le mélange souhaité. Ajouter le zeste. Verser sur le fond de sablés, mettre 1 nuit au réfrigérateur.

TABLE DES RECETTES

APÉRO FESTIFS

COCKTAILS

COCKTAILS SANS ALCOOL

SUR LE POUCE

SALADES

BOUILLONS & SOUPES

CAKES & TARTES

LUNCHBOX

PASTA

LÉGUMES

ŒUFS

VIANDES & VOLAILLES

POISSONS

CÉRÉALES & LÉGUMINEUSES

DESSERTS

Recettes issues des livres : *Petit Marabout Apéro petit budget, Petit Marabout Petit budget, Je cuisine pour la semaine Petit Budget, Petit Marabout Salade complète, Prix mini Super Facile* de Keda Black ; *Petit Marabout Lentilles, haricots & cie, Soupe Super Facile* de Lene Knudsen ; *Un plat Super Facile, Petit Marabout Quiche & tartes, Petit Marabout Spécial Lunchbox* de Sabrina Fauda-Rôle ; *Cuisine Super Facile* de Natacha Arnoult.

Photographies de Rebecca Genet, Dierde Rooney, Pierre Javelle, Richard Boutin, Akiko Ida, Valéry Guédès.

Relecture : Natacha Kotchetkova
Mise en pages : Frédéric Voisin

58, rue Jean-Bleuzen, CS70007, 92178 Vanves Cedex, France
contact@marabout.com

68-2238-4
ISBN : 978-2-501-20140-7/01
Dépôt légal : janvier 2026
Achevé d'imprimer en décembre 2025 par Macrolibros en Espagne.

PAPIER À BASE DE FIBRES CERTIFIÉES

MARABOUT
s'engage pour l'environnement en réduisant l'empreinte carbone de ses livres.
Celle de cet exemplaire est de :
450 g éq. CO_2
Rendez-vous sur
www.marabout-durable.fr